重铸美国自由市场的灵魂
道德的自由市场与不道德的大政府

（美）史蒂夫·福布斯
伊丽莎白·艾姆斯 / 著

段国圣 / 译

西方
经济—金融前沿
译丛

华夏出版社
HUAXIA PUBLISHING HOUSE

图书在版编目（CIP）数据

重铸美国自由市场的灵魂：道德的自由市场与不道德的大政府 /（美）史蒂夫·福布斯（Steve Forbes），（美）伊丽莎白·艾姆斯（Elizabeth Ames）著；段国圣译. -- 北京：华夏出版社，2017.1
（西方经济·金融前沿译丛）
书名原文：Freedom Manifesto: Why Free Markets Are Moral and Big Government Isn't
ISBN 978-7-5080-9099-3

Ⅰ.①重… Ⅱ.①史… ②伊… ③段… Ⅲ.①自由市场－市场经济－研究－美国 Ⅳ.①F171.239

中国版本图书馆CIP数据核字(2016)第306152号

Freedom Manifesto: Why Free Markets are Moral and Big Government Isn't
Copyright © 2012 by Steve Forbes and Elizabeth Ames
This edition arranged with Einstein Thompson Agency through Andrew Nurnberg Associates International Limited
Simplified Chinese translation copyright © 2014 Huaxia Publishing House
All Rights Reserved

版权所有　翻版必究
北京市版权局著作权合同登记号：图字 01-2013-4842 号

重铸美国自由市场的灵魂：道德的自由市场与不道德的大政府

作　者	［美］斯蒂夫·福布斯　［美］伊丽莎白·艾姆斯
译　者	段国圣
责任编辑	李雪飞

出版发行	华夏出版社
经　销	新华书店
印　刷	三河市少明印务有限公司
装　订	三河市少明印务有限公司
版　次	2017年1月北京第1版　2017年1月北京第1次印刷
开　本	720×1030　1/16 开
印　张	13.75
字　数	190 千字
定　价	46.00 元

华夏出版社　地址：北京市东直门外香河园北里4号　邮编：100028
网址：www.hxph.com.cn　电话：(010) 64663331（转）
若发现本版图书有印装质量问题，请与我社营销中心联系调换。

目录
CONTENTS

前　言　为美国的灵魂而战　/ 1

第 1 章　是联邦快递还是邮政局？　　　　　　　　　　1
　　　　　自由市场满足人们的需求，而大政府则满足自己的需求

第 2 章　要自由还是要"老大哥"？　　　　　　　　　　31
　　　　　要选择还是要胁迫？

第 3 章　是硅谷还是底特律？　　　　　　　　　　　　67
　　　　　创造力与丰裕对比僵硬与短缺

第 4 章　是工资还是食品券？　　　　　　　　　　　　103
　　　　　要授权还是去依赖？

第 5 章　是要苹果公司还是要索林德拉？　　　　　　　139
　　　　　精英体制还是结党营私？

第 6 章　里根精神还是奥巴马精神？　　　　　　　　　171
　　　　　乐观主义加合作还是悲观主义加不信任？

致　谢　/ 197

前　言

为美国的灵魂而战

本书的目标是彻底颠覆传统观念，阐述在我们以犹太教－基督教价值观为基础，以黄金法则（Golden Rule）和十诫（Ten Commandments）为根基的社会里，为什么民主资本主义体制下的自由市场经济能够占据道德高地，以及为什么经济自由是通往道德社会的最佳途径。

美国已经到了一个转折点上。在媒体中、在教室里、在餐桌上，围绕医疗、能源、权利、教育（即美国的未来）的争论正激烈展开。这些都汇聚成一个简单的问题：我们要成为怎样的一种社会？

换一种说法：谁能更好地为公众服务——自由市场还是大政府？

直到最近，大多数美国人还是会回答"大政府"。1930年代，富兰克林·罗斯福总统的社会福利计划和对经济的大规模干预将这个国家从大萧条的危机中拯救出来。人们对此印象深刻，就此形成了大政府是人文社会必要条件的信念。人们总是将对大政府的呼唤提升到道德的高度。大政府几乎是"同情心"的同义语，是保护人们免遭市场破坏性力量影响的唯一途径，是为不幸者提供真正安全保障和保护网的重要方式。

自由而不受约束的市场，则一贯被视为冰冷、不道德和没有同情心的，是许多经济及社会问题的主要诱因；即使是由政府造成的问题，人们也会怪罪到商业活动头上。

在金融危机和经济衰退之中，我们曾亲眼见到这些情形：住房市场的崩盘是数十年来大政府的政策刻意营造却终致误导的最后结果。但在情感上，私营部门则被大多数人视为罪魁祸首。危机之前出现的住宅止赎潮被指责为掠夺性借贷的结果。2008年股票市场崩溃则全都是贪婪的华尔街卖空者的罪恶，是他们让银行的股票走入螺旋式下行的死亡漩涡之中。同时，由政府设立、曾经给这场群体狂热火上浇油的按揭贷款巨头——房地美和房利美，将其按照自由市场运行的方式解散并私有化的方案从未得到政策制定者及媒体评论家们的认真考虑。

即使是拥护自由市场的人也很难说清楚为什么自由市场是符合道德的。2010年，在自由派人士（libertarian）召开的年度聚会期间举办的一次小组讨论上，一位年轻人举起手说，要解释自由市场的经济优势没有任何问题，但他承认，要为自由市场作道德争辩就困难得多。虽然他激情澎湃地参加了讨论经济自由的会议，但要说清楚美国经济体系的道德优势却理屈词穷了。但正是这个经济体系造就了历史上最富足的社会，吸引了数百万的移民来到这个充满机会之地追寻梦想。在共和党总统初选中，竞争者米特·罗姆尼和纽特·金里奇甚至不愿为资本主义的道德优势进行辩护，更不用说真心拥抱资本主义了。

这种对大政府的深刻信任成为一种颠扑不破的道德力量，让各个水平上的政府发展成为史无前例的规模——政府开支由1929年占GDP的不足10%到当前的占35%以上。[1] 大政府的"公平性"理念让奥巴马政府的管理制度与官僚机构不断侵入经济体的各个领域，扩大控制范围，从银行业到医疗领域。这也带来了二战后最大规模的政府开支，用Forbes.com专栏作家彼得·费拉拉（Peter Ferrara）的话说，这一开支"给国家债务带来的

---

[1] 里查德·拉恩："市场将崛起还是衰落？"《华盛顿时报》，2009年12月29日，另见http://www.washington-times.com/news/2009/dec/29/will-the-market-rise-or-fall/。克里斯·爱德华，参议院金融委员会证言，2011年7月26日，另见http://finance.senate.gov/imo/media/doc/edwards%20senate%20finance%20testimoney.pdf。

增加量相当于过去所有总统之和,从华盛顿到乔治·布什"。①

而所有这些并未带来一次全面的经济复苏,或者让我们走进一个更加人性化的社会,或者形成一个国民满意度更高的社会。的确,如许多人所见,美国比过去任何时期都更加多极化了,但另一些事情却正在发生。

美国民意调查显示,人们对政府有一种新的不踏实感。2011 年的一次盖洛普民间调查发现,创历史纪录的 81% 的美国人——大部分的民主党和共和党——对美国的治理方式感到不满。更加重要的是,根据该调查机构的调查,"49% 的美国人认为联邦政府规模过大、权力过强,对普通公民的自由和权利构成了直接的威胁。2003 年持该观点的人只有不到 30%"。②

越来越多的经济学家、历史学家和评论家与普通老百姓一起开始质疑大萧条时代的正统理念。他们逐步认识到,政府的规模过大和官僚化绝非一种"同情心"的力量。对于正在折磨当今社会经济的关键问题,政府不是治病的良药,而是肇始之因。社会上正在形成一种共识:达成一个真正公平和有道德的社会,唯有通过经济上的自由——让市场自由。

本书将会阐释何种因素驱动着这种态度上的转变和日益强化的共识的形成:**自由市场才是符合道德的,而大政府则不符合**。

具有讽刺意义的是,对大政府的醒悟正是发生在比以往更加积极地实践"富有同情心政府"理念的这届政府任期内。2008 年股票市场崩溃后,巴拉克·奥巴马被满怀忧虑的选民推入白宫,那时大家将他当做一位新一代的富兰克林·罗斯福来欢迎。《时代》杂志封面用罗斯福的标志性姿势——下巴向外翘起、戴着眼镜和帽子、手持雪茄烟——来描绘他。总统先

---

① 彼得·费拉拉:"奥巴马预算:美国经济的衰退与落伍",《福布斯》,2012 年 2 月 16 日,另见 http://www.forbes.com/sites/peterferrara/2012/02/16/obamas-budget-the-decline-and-fall-of-the-american-economy/。
② 莉迪亚·萨德:"美国人对政府表达了前所未有的负面感受",盖洛普,2011 年 9 月 26 日,另见 http://www.gallup.com/poll/149678/americans-express-historic-negativity-toward-government.aspx。

生立即着手推动他壮丽的政府扩张计划——如《时代》所称，他的"新新政"。① 他利用政治交易迫使心不甘、情不愿的国会通过《病人保障与可承担医疗法案》（即《奥巴马医改法案》）。本书写作时，最高法院尚未对这项不受欢迎的法案进行裁决。但一旦法案获准成立，无论是部分还是全部，其2 700页法规与制度将给政府以新的和前所未有的权力来管制健康险保险人及提供者，还有个人的医疗行为。

《奥巴马医改法案》通过不久，接踵而至的是《多德－弗兰克华尔街改革与保护法案》。2 300页的法规与新的官僚机构加之于原本已被过度监管的金融行业，本届总统比其前任的三届总统都批准了更多重要的联邦法规，其开支超过1亿美元。②

4年之后，这些雄心勃勃的计划没能达成其公平与悲悯的目标；相反，美国的痛苦指数（Misery Index）——失业率加上通货膨胀率——增至30年以来的新高。③ 当今的美国人民，不论其背景与信仰如何，越来越感到**事情有些不对**。

事情有些不对。政府推行的备受争议的医疗改革非但没让医疗更容易负担，反而造成了保险费率的居高不下。④

大政府的能源政策措施并没有使能源供应更加环保或者更容易获取。然而燃料价格却已居于前所未有的高位。

旨在防止类似2008年金融危机重演的《多德－弗兰克华尔街改革与保护法案》并没有阻止投资者在曼氏金融集团（MF Global，美国券商，2011

---

① 迈克尔·格兰沃德："奥巴马议程：让美国重回轨道"，《时代》，2008年11月5日，另见http：//www.time.com/time/specials/packages/article/0,28804,1856381_1856380_1856375,00.html。
② 马克·德拉杰姆和凯瑟琳·道奇："奥巴马签署了比布什少5%的法规，但让企业大增开销"，布隆伯格网站，2011年10月25日，另见http://www.bloomberg.com/news/2011-10-25/obama-wrote-5-fewer-rules-than-bush-while-costing-business.html。
③ 美国痛苦指数，http://www.miseryindex.us/default.aspx。
④ "企业健康福利：2011年度调查"，恺撒家庭基金会及健康研究与教育信托，2011年9月，另见http://ehbs.kff.org/pdf/2011/8225.pdf。

年10月宣告破产）案上大亏其钱。而小企业获取信贷却愈加困难了。同时，从底特律到华盛顿再到华尔街，裙带政治现象（救助、政治施舍，以及例外处理）比比皆是。

事情有些不对。一次再一次，大政府没能将问题解决掉，也没能提供所承诺的公平与公正。

比如说，纳税的普通公民努力在艰难时世中维持生计，被迫为汽油、电力以及食品支付更高的价格，仅仅是因为以政治驱动的大政府政策禁止能源生产以及以扩张的货币政策稀释美元的价值，**这公平吗？**或者人们必须为政府工作人员的昂贵薪酬及退休金买单，使政府工作人员可以在50岁时退休，**这公平吗？**

这公平吗？联邦政府的一家不负责任的机构里的一名因政治关系任命的官僚就可以阻止飞机制造商波音开立新工厂，而这家新工厂又是南加州创造就业岗位所迫切需要的，原因是波音原来所在州的工会对新工厂不设在本州很不高兴。

这公平吗？大政府唯一认真倡导的解决方案好像就是对百万富翁和亿万富翁征更多的税和设置更多的政府管制。过往政府的实际经验是（无论民主党还是共和党）通过解除管制和实施有较大影响的、全面的减税（而不是有目标的小花招）来启动经济，这是增加就业、促进经济繁荣的最佳途径。从1%的富人那里征税对150 000亿美元联邦政府赤字而言可谓杯水车薪，而该赤字在过去7年里又翻了一番。①

《华尔街日报》专栏作家史蒂芬·摩尔（Stephen Moore）问道："让美国前10%最富有的人负担美国更多份额的所得税负担，其比例超过其他工业国家前10%最富有的人的税收负担，包括社会主义的瑞典，这公平吗？"②

---

① "未清偿的历史债务：2000—2010年"，TreasuryDirect.gov，美国财政部公共债务局，另见http：//www.treasurydirect.gov/govt/reports/pd/histdebt/histdebt_histo5.html。
② 史蒂芬·摩尔："总统的公平测试"，《华尔街日报》，2012年2月7日，另见http：//online.wsj.com/article/SB10001424052970204369404577206980068367936.html?mod=googlenews_wsj。

这公平吗？ 当今人口中有接近一半的人不缴纳联邦所得税。

这公平吗？ 美国大政府的规模如此庞大，以致国家债务总额已大大超过所有美国人的年收入及所有美国企业的利润之和。

大政府的支持者们也从欧洲主权债务危机和两位数增长比率的长期失业水平看到了不祥之兆。正是主权债务危机和高企的失业率动摇了过度负债的欧洲福利国家，如希腊、法国、意大利和西班牙。出现在媒体上的动摇与绝望的政府官员的形象让人们不禁怀疑：福利国家以及这些国家从摇篮到坟墓的保障体系及收入再分配体系，一定会导致这种局面吗？不少人也在问：美国会是下一个吗？

对大政府的不满只是这种新觉醒的一部分。最近还出现了对企业道德的赞赏。过去30年的技术革命让一代企业家崛起，他们占据了大众心目中过去属于杰出艺术家和摇滚巨星的位置。2011年苹果的创始人史蒂夫·乔布斯去世后，看看全世界人民的真情流露吧！乔布斯55岁因胰腺癌而早逝，造成了一次文化试金石事件，与约翰·列侬和约翰·肯尼迪的去世事件一样。各种背景、各种信仰和各个国籍的人们都表达了乔布斯对他们而言意味着什么以及他们从乔布斯那里学到了什么等感受，再将他们的感受通过Facebook、Twitter以及电子邮件发送出去。这些内容有不少是用iPad、iPhone以及iMac来完成的。

大众着迷于乔布斯的传奇故事，超过630万人点击了YouTube，观看2005年乔布斯为斯坦福大学毕业生发表的著名演讲。他讲述了他如何被家境普通的父母收养，因为亲生父母不想要他；他如何退学后不久创立苹果公司，结果却被他创立的公司所抛弃；他最终克服自己的弱点回到苹果公司，发明了定义其终生成就的成果。即使是占领华尔街的示威者们也在示威间歇抽出时间来表达对乔布斯的敬意。沃尔特·伊萨克森撰写的有纪念意义的《乔布斯传》在乔布斯去世后数日即获出版，并于上架首周即销售了将近3.8万册。

这种潮水般的情感不仅仅是对乔布斯所创造的电子产品的感谢，更是对乔布斯的成就在道德层面清晰的、普遍的认可。很少有乔布斯这样的例子。史蒂夫·乔布斯清晰定义并丰富了企业家的道德本质：以个人的能力发明能够帮助他人的东西。他追随自己的激情并充分发挥其无与伦比的创造力，做到了这一点。

在人们哀痛伟大企业家逝去的同时，奥巴马总统正要求投入更多的纳税人资金用来"创造工作岗位"，而之前的上万亿美元刺激政策并未有效地激活美国经济。而苹果公司的缔造者，直接或非直接地在美国以及全球创造了上百万个工作岗位，**却没花纳税人一毛钱**。

乔布斯和他的合伙人史蒂夫·沃兹尼亚克创立苹果的资本金来自于投资者和投资银行家，而他们最终让苹果公司上市，成为公众公司。他们正是被占领华尔街的抗议者们和大政府的倡导者们抨击为"贪婪"的人们。

这些成就也会产生一些负面影响。对某些行业而言，工作岗位被消灭了。iPod 和 iTune 让人们在线购买音乐，就打击了唱片零售商。Mac 软件在图形以及音乐编辑方面的能力也让印刷和音频行业的一些人失去了工作。乔布斯本人也并非天使。他天生坏脾气，对雇员毫不宽恕，对违拗他意志的人更是冷酷无情。他的一生绝非是一幅完美的画卷。

乔布斯和他的公司所产生的价值远远超过了负面的影响。他给上百万的人创造了机会与财富——苹果雇员、公司股东、销售过苹果产品的人以及在自己的生意上使用苹果产品的人。**没有哪项政府计划能够像乔布斯那样向社会提供那么多的道德效益。**

值得注意的是，在怀念乔布斯的人群里，有一位来自叙利亚的萨米·穆贝耶德教授。叙利亚是乔布斯生父的诞生之地。穆贝耶德说，虽然叙利亚青年因为与这位卓越企业家的这种联系而激动，但他们也意识到，"如果他在叙利亚创业，他的那些发明与成就很可能一项也完不成"。[1] 用穆贝耶德的话说，那是因为叙利亚不能提供"那种生态系统和支持环境"。

---

[1] 萨米·穆贝耶德："大马士革的电子哀伤：叙利亚要回乔布斯"，《亚洲时报》，2011年10月8日，另见 http://www.atimes.com/atimes/Middle_East/MJ08Ak01.html。

这个社会主义国家的银行业与经济政策均受到政府的强有力控制,以解决所谓的"阶级不平等"问题。① 而他们真正做的是制造贫困:当地平均工资仅为2.61美元/小时。

美国不是叙利亚。但数十年大政府官僚机构与管理法规的不断增加正侵蚀着当今的道德社会,摧毁着经济自由与个人自由。政府应当是最了解我们的。但如今大政府的官僚机构与管理法规违反道德原则的情况越来越多。我们已在医疗改革法案中有所领教,该法案允许政府机构在天主教堂强制执行其政策,人们无论有何种信仰都看得出来这违背了信仰自由。然而这远非个别案例。大政府主导的医疗体制已迈向一种新型的"简化医疗"体制,观察家们感觉到,这种将医疗成本置于病人最佳利益之上的做法与多年形成的医药专业信念相冲突。② 另一些人则对国家征用权法的滥用感到担忧,当地政府强迫个人卖掉自己的住宅和产业,让位于给市政带来好处的商业计划。大政府中有一些只关注眼前利益的官僚们常常忘记,他们是因为要帮助别人而存在的。例如,纽约城就宣布不再接受基督教堂和犹太教堂的食品捐赠,原因是很难监测这些食品的纤维、脂肪和盐的成分。③ 越来越多的美国人注意到,大政府正在犯原本归结于私人部门的罪行。不断扩张的官僚机构和政策常常是由贪婪、自私和渴望政治权力的动机驱动的。

罗斯福的真正遗产是什么,许多人也产生了很多疑问。一些经济学家和历史学家,包括阿米提·什莱斯、波顿·福尔索姆、约翰·柯察兰内以及罗伯特·希格斯都雄辩地证明,罗斯福的无休止的干预主义事实上拖延

---

① 国会图书馆:"新闻里的国家:叙利亚/以色列",2000年1月,另见http://www.loc.gov/today/placesinthenews/archive/2000arch/20000112_syriaisrael.html。
② 罗伯·斯特恩:"医生们要'简化'医疗方案吗?"《镜头》(NPR的健康博客),2012年1月3日,另见http://www.npr.org/blogs/health/2011/12/30/144485098/should-doctors-be-parsimonious-about-health-care。
③ 杰夫·斯蒂尔:"没有布丁了!迈克的无家可归者礼物被禁了",《纽约邮报》,2012年3月18日,另见http://www.nypost.com/p/news/opinion/opedcolumnists/no_kugel_for_you_N4VuTrqavf-OiApSHngxuMJ。

了大萧条后的经济复苏。支持罗斯福的凯恩斯主义，其主动开支和就业创造计划，需要征收税款，这就从经济体中榨出了宝贵的资金。罗斯福的价格控制与生产配额政策也造成了许多不确定性，阻碍了商业机构的雇佣行为。所有这些都让经济复苏延迟到二战之后。

人们对当今发生的事情有了更充分的信息，更能够看透大政府自身的道德修饰行为。1970年代末之前，只有三个主要的宣传网络。收音机只是一种当地媒体。如今，可提供新闻的媒体不胜枚举，如电缆媒体、全国谈话广播以及互联网，它们都从非传统的角度提供了一个论坛，讨论的内容也包括对自由企业及自由市场道德基础的新认识与赞赏。

本书也希望让这些观点发出更多的声音。经济自由可以更好地保护一个人文的、富于同情心的社会里的各种利益。纵览历史，民主资本主义的自由市场更能提高国民生活水平、提升社会繁荣程度、改善民众生活质量和达成哲学家们所谓的"人类整体繁荣"。

自由市场让人们能够将自己的创造力与他人的需求和愿望联系起来，将短缺转化为丰裕，提升民众生活水平，让人们的生活更加美好。公开市场因释放了前所未有的创造力，促使人们创造财富并提升生活标准，这既帮助了穷人也帮助了所有人。经济自由可以提升人们之间的信任与合作程度，让人们更加慷慨大度。经济自由一直是保护个人权利、自主意识以及社会道德的强大力量，其功能胜过任何政府机构。

对自由市场资本主义道德性的讨论焦点在于，如果自由市场是符合道德的，那怎么会出现像伯纳德·麦道夫（或者任何其他你所能想到的骗子）那样的人？无疑，自由市场上总能找到贪婪的人。所有的社会里都有坏人。

政治家们和社会活动家们把大政府描绘成保卫公共利益的必要存在。无疑，我们需要政府来保护我们的权利并确保法律制度的实施。但规模过大和政治性太强的政府则会转而侵蚀道德社会。大政府不是让人民更坚强有力，而是通过福利补贴以及企业救助等方式，让人民增强了对政府的依赖性，瓦解了个人责任意识，鼓励个人和公司做出不够理性的决定。霸道的监管和过重的税负又阻碍了人们去创立和培育企业。大政府抑制经济活动，阻碍财富创造，阻止个人与社会的进步发展。强制性的法规（从保险法规到禁用反式脂肪酸的法规）将限制企业的创新，缩小个人的选择权，鼓励权力的滥用。

在高度政治化与官僚化的世界，努力与回报常常形不成良好的关联。以政治利益驱动的法规和计划项目——从公司补贴到《反托拉斯法》——会照顾强者的利益和阻止新进入者的发展。个人或者公司需要巴结政治权贵或者与体制博弈才能发展。大政府非但没有促进合作，反而使社会产生两极分化，如各种利益集团、年轻人与老年人、富人与穷人，均千方百计地争取政府给予各种利益和照顾。这种政治化且管控严格的环境不能鼓励社会繁荣，而是将社会引向僵化。由政府主导的经济体与市场会呈现停滞和道德沦丧的特征：很少的产品和服务，绝少发明，较低的生活水平，以及到处充斥的不信任、不公平和腐败。

美国历史上曾出现过近乎这样的情况。1970年代就有人曾对大政府提出过类似的质疑。在理查德·尼克松以及吉米·卡特在任期间，政府机构快速扩张，导致了一个10年的"滞胀"期。结果是大政府的幻灭，由此带来了一次自由市场经济的复兴，对罗斯福的中央统治型经济正统理念提出了挑战。1980年，米尔顿·弗里德曼和罗斯·弗里德曼出版了《自由选择》一书。该书立即成为畅销书，该书内容随后成为极受欢迎的电视系列节目。该书为接下来的一场运动提供了理论基础，这场运动以随后几年里罗纳德·里根的当选为高峰：通货膨胀得以控制，税率得以削减，令人窒息的监管体系得以放松。这不仅扭转了美国经济，而且引发了一波全球性繁荣。包括印度、瑞典在内的各个国家争相追随里根政策，开放其经济体。之后经历了30年的经济增长，直到本次金融危机和随之而来的经济衰退才使其终结。而本次的经济创痛，我们之后会解释，它正是由政府一手造成的。

里根的成功应该已经打破了人们对大政府的道德信赖。但真正克服旧的偏见谈何容易。就像俗话说的，旧的偏见很难去除，而错误的观念似乎韧性特强。自古以来，自由市场一直被看做是重实利轻人文的。苏格拉底曾断言："越是看重钱的人，离道德越远。"圣徒保罗也说过，"爱金钱是所有罪恶之源"。贸易常常不被看做是一种交换，而被视为是一种"零和"交易，一个人的所得就是另一个人的损失。

在媒体、大学院校、电影电视和文学作品中，企业及公司管理人员总是被描绘为贪婪的剥削者。大家认为，自由市场的特征是达尔文式的，所有参与者自由发展，最强者得以生存，其他人均是输家。即使欣赏商业活动能够提供物质繁荣的人们也坚持认为大政府的存在甚是必要，大政府能防止市场内质的冷漠和无情对文明社会的破坏。

对政府突出道德性的信念深深嵌入这个国家的 DNA 里。为中央统治体制曲言辩护的人，或者有些人称之为他们的纠结之旅，让人们心存戒备。而为自由市场和自由企业体制辩护的人则被称为漠不关心和冷酷无情的人。而决定是否支持一个新的大政府体制常常被大政府的拥戴者描绘为在自私与同情之间的选择：你的意思是你不想让人民得到医疗保障吗？

要支持市场化政策也很艰难，那些公开在媒体上支持市场的人常常被妖魔化。正如《华尔街日报》专栏作家威廉·麦古恩（William McGurn）抱怨的，相信大政府的人看起来"不知道那些反对抬高税率的人和那些因为涂指甲油就砍掉女人手指的人有什么实质区别"。①

支持自由市场的人通常会听到这样的问题：人们在暴涨暴跌的金融市场上亏掉了养老金，这怎么会是有道德的？如何看待华尔街的贪婪和高管人员的薪酬？收入不均衡为什么会仍在强化？这些问题常常在企业裁员、就业数据恶化、丑闻或危机出现（如出现医疗丑闻时）的时候被触发，又

---

① 威廉·麦古恩："比尔·马艾的'裁判'"，《华尔街日报》，2012 年 3 月 13 日，另见 http://online.wsj.com/article/SB10001424052702304537904577277703463103794.html? mod = WSJ_ Opinion_ LEADTop。

由仇视市场的媒体来报道。

当投资银行家格莱格·史密斯（Greg Smith）在《纽约时报》上发表题为"我为何离开高盛？"的文章时，各家媒体度过了繁忙的一天。他指责其前雇主高盛公司为追求利润而向客户强推不满足客户需求的投资产品。①

之后汹涌激荡的媒体报道中，没人问及是什么让史密斯在12年之后突然离开高盛，或者高盛的客户们是否同意他的说法。毕竟，如果事情真像史密斯讲的那么糟，为什么没有出现大规模的客户脱离高盛的现象，尤其考虑到高盛的客户包括一些全球最大的企业和机构投资者？

彼得·柯汉在福布斯网站上发表观察文章称，"问题是为什么高盛还会有客户？"他猜想一个可能的原因是"与高盛合作的利益超出了成本"。②

不幸的是，媒体对贪婪的关注是压倒性的，这反映了当前媒体以揭短为主的总体环境，揭示贪婪的事件或者统计数据，会得到最多的关注。不太容易拿到的细节，如事件的真实情形，总是受到漠视。次级按揭的止赎，或者医疗保险的高成本以及汽油的高价格，这些都很容易归咎于追逐利益的贪婪的公司，但政府糟糕的政策扭曲了市场之后会发生什么，就不那么容易说清楚了。

最后，人们有一种自然倾向，当问题出现时要找一个替罪羊。乔治·梅森大学经济学教授布莱恩·卡普兰（Bryan Caplan）发现，人们在评估经济问题时有一种悲观倾向，即把问题看得比实际情况更极端。③

于是乎，自由市场在提高生活水准上的进步和作用常常无人报道。机

---

① 格莱格·史密斯："我为何离开高盛？"《纽约时报》，2012年3月14日，另见 http://www.nytimes.com/2012/03/14/opinion/why-i-am-leaving-goldman-sachs.html?pagewanted=all。
② 彼得·柯汉："格莱格·史密斯退出，客户也要解雇高盛公司吗？"《福布斯》，2012年3月14日，另见 http://www.forbes.com/sites/petercohan/2012/03/14/greg-smith-quits-should-clients-fire-goldman-sachs/2/。
③ 布莱恩·卡普兰："理性投票者的神话"，《卡图解放》，卡图研究所，2006年11月6日，另见 http://www.cato-unbound.org/2006/11/06/bryan-caplan/the-myth-of-the-rational-voter/。

票上涨上头条，机票下跌无人看。新闻报道的重点太过集中于负面效应，以致看不到事情的正面全貌，如果这种正面情况还有人提及的话。

记者们，即使是支持自由市场的记者们，也常常喜欢用**改革**一词来讨论立法。我们倾向于认为改革就是进步，但许多称为改革的大政府法令却刚好相反。如果标识这些法令时披露更多的真相，则人们会对大政府的改革产生不同的想法。比如，如果奥巴马医改被称为"对医疗法案的政府控制"则会怎样？记住，许多最热心的支持者，包括南茜·佩罗西本人，都没有读过这项法案。如果他们知道（他们可能正在明白）因这项法案会产生159个新官僚机构、不可胜数的监管法规、一系列新税则，以及将有超过1.6万名国内税务署代理人来执行这项医疗保险的强制购买，那他们会怎么想？或者如果他们知道该法令的一些条款会将私营保险公司搜刮干净，他们会怎么想？他们还会不会那么热心维护该法案的"道德性"就很有疑问了。

本书的每一章均对照了自由市场的优点和政府过度控制带来的道德沦丧。例如，涉及医疗时（或者任何市场）真正需要提出的问题是，你想要一个不断创新的、重点满足消费者个人需求的自由市场吗？还是想要一个笨拙、僵硬的官僚系统，其最根本的目标是满足其自身的政治诉求，也即那些政客和政府协会的诉求？

这就是第1章"是联邦快递还是邮政局？"的重点，它揭示了一个核心区别：自由市场满足人们的需求，而大政府则满足其自身的需求。政府的最大愿望是扩张其官僚机构与权力。这一点几十年前即已由行为科学家诺思柯特·帕金森（Northcote Parkinson）在《帕金森定律》一书中揭示出来了。明白这一点，就不会对这个国家挣扎于衰退之中时华盛顿特区却在不断扩张而感到奇怪了。2007—2010年间，华盛顿当地经济以一种亚洲式的6.9%的速度增长，而与之成对比的是其他主要城市约1.1%的增长率。①

---

① 帕特里斯·黑尔："在衰退的剧痛中，华盛顿特区站在了一边"，《华盛顿时报》，2010年10月17日，另见http：//www.washingtontimes.com/news/2010/oct/17/in-throes-of-recession-capital-stands-apart/?page=all。

难以自制的自我膨胀需求才是政府作为道德必需品推销给公众的许多政府项目和政策背后的根本原因，包括政府有争议的 7 870 亿美元经济刺激计划，该计划表面上是为了刺激经济成长以创造就业机会，而实际上这些资金的大多数却用来给州和地方政府的现有工作岗位提供资金支持。

第 2 章提出了"要自由还是要'老大哥'？"*的问题。在自由市场还是大政府之间的抉择就是在自由选择和被胁迫之间的选择。美国的大政府可能不是"老大哥"，但支持大政府法规的人们如果了解其中可能存在的权力滥用，他们的想法可能就会不一样了。

人们很关心一些大型企业（如沃尔玛）可能权力过大，但却漠视了政府过度管理对自由的威胁。政府过度管制又表现为微观管理、监管法规与官僚机构等形式，这些方面远超出了政府征用权和《奥巴马医疗法案》的范畴。例如，有些不负责任的政府机构，如美国环境保护署和农业部，定期向被控违反法规的工厂和家庭派出全副武装的代理人。第 2 章也讨论了政府通过操纵货币的价值进行胁迫的破坏方式。

正是对这种权力滥用倾向的认识，经济学家弗雷德里希·哈耶克早在 1930 年代就警告人们，政府的过度管理会将人们带向"通往奴役之路"，或者暴政。相反地，以政府为主导的国家一旦放开经济也会出现繁盛局面。经济自由说到底就是个体创新自由。

大政府不仅践踏人权，而且强化控制并僵化体制，压制人们和企业的创造力。自由则允许人们去实验，去寻找摆脱传统做事方式的局限性，无论结果是成功还是失败。因为经济自由可使个体将其自利行为与创造力转化为有建设性的事业，自由市场就产生出创新与繁荣。由政府主导的市场与社会则常常表现为停滞与短缺。

加拿大人的单一付款人政府保险体系，是支持政府医疗计划的美国人想要给自己国家引进的。加拿大人是不能在美国接受前沿治疗的，因为加

---

* "老大哥"（Big Brother）一词源自乔治·奥威尔的小说《1984》，其中的"老大哥"代表超级强大的政府。——译者注

拿大政府不愿为此付钱。根据加拿大的自由市场智库弗雷泽研究所（Fraser Institute）的研究，见一位专科医生的平均等待时间是 19 周，大约是 20 年前的两倍。① 几年前，一名男子为了更换髋关节而等待了一年，事后他起诉了魁北克政府。加拿大医疗协会前总裁布莱恩·戴（Brian Day）说："在加拿大，狗的髋关节置换手术可以在一个星期内完成，而人通常要等两到三年。"② 同时，在医疗保险发源地的欧洲，新的药物和治疗方式越来越少，因为由政府运行的体系让商业机构无利可图，没有足够的资金从事研究和开发。

这也是第 3 章"是硅谷还是底特律？"的要点。政府干预是汽车行业停滞及失去创新动力的主要原因，而政府干预很少又是硅谷成为创新发动机的关键因素。占领华尔街的抗议者们反对企业赢利，但如果他们意识到这些赢利是让这个国家获得创新领先优势的投资资本来源的话，那他们可能要重新考虑了。

第 4 章问了一个有象征意义的问题——"是工资还是食品券？"，这两样中哪一样对人民和社会更有益？

在经济自由与家长式的政府管制之间的选择，就是在赋权与依赖之间的选择。大政府的政策和补贴给个人与企业提供人为的支持，腐蚀了人们的判断，侵蚀了人们的创造力与企业家精神，阻碍了社会进步，造成社会经济停滞的局面。

大政府的支持者坚持认为福利与特定权力计划是向社会提供同情心的唯一方式。但制造消极、被动和破坏人们的主动性真是富于同情心吗？自

---

① 巴卡斯·巴鲁阿、马克·罗维耶和布莱特·斯奇纳："等着轮到你：加拿大的医疗等待时间"，弗雷泽研究所，2011 年 12 月，另见 http：//www.fraserinstitute.org/uploadedFiles/fraser－ca/Content/researchnews/research/publications/waiting－your－turn－2011.pdf。
② 克里福德·克劳斯："加拿大公共卫生体系停滞不前，而私营诊所却快速发展"，《纽约时报》，2006 年 2 月 28 日，另见 http：//www.nytimes.com/2006/02/28/international/americas/28canada.html？pa。

由市场给人们和机构以权利，让大家可以竞争，从失败中学习，去适应直至最后共同进步。

第5章"是要苹果公司还是要索林德拉？"，比较了自由市场的精英体制与受大政府"少数利益主义"侵害的政府主导经济体制。太多以"公平"之名推广的政府计划，无论是医疗还是创造就业岗位计划，实质上都只是一种"偏爱"。政治上偏爱不是由服务市场的能力和程度来决定的，有一小撮受惠者天然成为赢家。批评自由市场的人在批评裙带资本主义时理直气壮。但大政府——偏爱的分发者——更是这些关系的主导者。要区分自由社会与以政府裙带关系为主导的社会，可以观察美国和阿根廷之间的不同。两个国家均起源于边陲社会，但阿根廷由于采取中央集权的政策和大政府裙带主义体制，从未出现过类似于美国那样的繁荣，国家总是从一次经济危机走进另一次经济危机。

本书最后一章探讨了区分自由市场支持者与集权支持者的哲学分野的道德意义。民主资本主义的自由市场是具备道德优势的，坚信人类聪明才智能解决今天的问题，并生产和提供新产品与新服务来创造更好的未来。投资需要对社会进步充满信心。贸易也是基于一种信任关系，即人们将达成协议并遵守承诺的正向预期。大政府则是建立在一种对人类和未来更悲观的观点之上的。第6章提出了"里根精神还是奥巴马精神？"的问题，因为这两个人的讲话和观点就反映了这些差别。

每个人都想生活在一个公平而有道德的社会环境里。第6章先讨论达成目标的途径是通过一个政治导向的政府官僚机构，还是通过每个人用自己的钱进行投票的市场自身的民主？再深入讨论归属于某种政治利益关系的政府官僚组织，真能决定何为公平、何为道德的问题吗？

希望以更多政府干预来终结贫穷与不公正的主张，忽略了如下事实：上一届政府的监管与计划项目也没能解决这些问题。很多情况下，正是政府造成了这些问题。美国人民是有人性、有善心的。在医疗以及其他领域，美国社会确有问题存在，因此想要不受那些自称可以帮助他人的政府项目的诱惑还是比较困难的。但这些项目在让人"感动"的言辞背后，掩饰了如下事实：建议的方案常常是有利于官僚机构的。倡导"同情"与"人权"的自由主义者如果意识到他们竭力争取的是更多的法规、更多监管和更多限制自由的封条，那他们就要另作考虑了。政府官僚机构在尊重人权方面的记录很差。官僚机构是以苛责为生的，只会带来越来越多的法规。

　　本书讨论的是有关美国人如何看待自己国家的问题。美国是否仍然恪守创建国家的国父们的经济自由和个人自由的梦想——"生活、自由和追求幸福"*的基本权力？或者我们正成为一个欧洲式的福利社会？随后展开的各个章节展示了需要在本讨论中考虑的一些真正的选项。我们国家的身份和未来即系于此。

---

*　源自美国《独立宣言》。——译者注

第1章

是联邦快递还是邮政局?

自由市场满足人们的需求,而大政府则满足自己的需求

  自由市场是满足人们需求和欲望的体制。亚当·斯密喜欢用其标志性的屠夫与面包师的比喻来描述自由市场的基本交易。两者都需要向人们出售晚餐以谋得生计。① 购买人与出售人均由自我利益驱动,但这种自我利益并不是自私自利,每一方都满足了交易对方的需求。某种程度上,在一个自愿交易的市场上发生的相互交易,是对黄金原则的一种经济表达:己所不欲,勿施于人(Do unto others as you would have them do unto you)。每一方都向对方提供同等价值的东西,并以此来满足对方的需求。

  自由市场,按亚当·斯密的解释,是由成百上千宗这种互利交易所构成的。这些交易即形成了"看不见的手",在创造资源的同时也分配了资源,在现实世界供给与需求的约束下,为大多数人提供最佳利益。

  批评自由市场的人士则坚信,自由市场由"贪婪"所驱动。然而,这些自私而"贪婪"的人或者公司必须能够提供满足人们需求的产品或者服务,否则不能在市场上持续存活。在经营利润确定性很低的情况下,个人或者公司都有迫切的愿望,想要找到满足人们某种需求的解决方案。企业家了解,如果他们创立的公司失败了,那他们可能永远也见不着一毛钱的利润。

---

① 亚当·斯密:《国富论》(伦敦:J. M. 登特父子公司,1957年),最初出版于1776年。

个人及企业解决问题和满足人们需求的动机——约翰·梅纳德·凯恩斯所称的"动物精神"①——是自由企业的核心与灵魂。如果政府不干预，自由市场上的人们总要组织力量去满足某种需求。很多情况下，企业家还要努力预期人们的需求。如史蒂夫·乔布斯对其传记作者沃尔特·伊萨克森讲道："我们的任务是阅读还没有印出来的内容。"② 这种企业家精神即自由市场能够越过历史上任何时期，成功进行各种创新和创造财富、提升人们生活水平并推动社会进步的原因。

大政府则相反，它是不会对市场负责的。私营部门必须为获得客户而竞争，而政府则不需要用政绩或者取悦人民而获准持续经营。企业家们和管理人员必须不断回答客户、投资者以及股东的问题，但政府官员则只在选举时面对选民。

因此，大政府的最大关注点即官僚机构自身的利益。每当政府提供某种服务时，这一点就非常显而易见。这方面的经典展示就是联邦快递和邮政局之间的对比。问一下"是联邦快递还是邮政局？"，即使那些大政府的支持者们也明白你要讲什么。提到邮政局，几乎每个人都想到长长的等待队伍和漫不经心的服务，而联邦快递则已成为效率与可靠的标志。多年以后，联邦快递和邮政局都必须要提高价格了。③ 联邦快递会通过一贯地大幅度扩张业务、提供更多的满足客户需求的服务来应对变化，如更为便宜的路面运输及打印服务。而邮政局，除了极个别例外情况，一向收费更高、服务更少。今天，邮件送达时间比任何时候都长，而每日两次投递早就是老皇历了。

这就是大政府的故事，其管理的绝大多数领域均是如此。对更高政治

---

① 约翰·梅纳德·凯恩斯：《就业、利息和货币通论》（新德里：亚特兰大出版公司，2006年），第144页。
② 沃尔特·伊萨克森：《乔布斯传》（纽约：西蒙－舒斯特公司，2011年），第567页。
③ "2011年联邦快递费率调整"，FedEx.com，联邦快递，2011年1月3日，另见 http://www.fedex.com/us/2011rates/ratechanges.html，以及"邮政服务调整2012年邮寄价格"，美国邮政局新闻发布，2011年10月18日，美国邮政局网站，另见 http://about.usps.com/news/national－releases/2011/pr11_116.html。

权力和势力范围——官僚机构——的自私需求意味着大政府从纳税人那里攫取得越来越多，而提供的服务却日益减少。这种官僚主义的低效率意味着大政府通常在提供服务时会落后于社会平均成本曲线。医疗保险就是很好的例子。美国医疗保险不包含一些老人们已在广泛使用和商业保险已可报销的一些新药和治疗方式。

这与私营领域发生的情形刚好相反。在私营领域，人们必须提供更多的价值或服务才能获取利润。私营部门永远不会用大政府管理社会保险的方式来管理一项企业年金，而大政府管理的社会保险正处于破产的边缘。

大政府的重点更在于政治而非人民，这正是为什么大政府在尝试主导市场时常常不可避免地失败。政治挂帅的大政府不是按照满足人们需求和提高人们生活水平的方式去鼓励财富创造和资源分配的，而是设置控制的关卡，扼杀就业与增长。大政府不会用"看不见的手"提升社会经济水平，它得到的越多，拖累经济的负担就越重。

终极追问：你希望管理邮政局的官僚们主导你的医学治疗并运营核心行业吗？

大政府的无尽需求

即使是支持大政府的政治家，如总统本人，也不时承认，经济上的自由与有限的政府管制最能够满足人们的需求。2010年中期，国会选举总统时对其所属的民主党发表了谴责，总统及其支持者们还是同意延长布什总统的税收减免政策的，并难得地承认了核心自由市场原则。他们也认为，增税对于努力挣扎于经济衰退之中的人们而言危害极深。在另外一些场合，奥巴马总统也承认简化政府机构以释放经济活力的重要性，虽然有些人觉得总统当时的态度未见得特别认真。

我们宁可相信这些发言并非政治压力下的简单回应，而是对超越政治的经济常识性原则的难得一见的承认：要想促进繁荣、满足社会的需求并促进社会向前发展，最好采取支持市场化的政策，如合理的税收与监管。如果除掉各种制约和官僚主义的约束，人们会更容易开展商业活动，创造就业机会，同时财富创造也更为容易，不仅为自己，同时也为他人。政府只需要不惩罚成功，让人们把挣到的钱留存更大的比例即可。

然而，这种清晰、简明的逻辑常常难得一见。更多情况下，激进派的政治家们和社会活动家们会回归老的经济观念，坚持认为更多的政府介入才是对任何真实和可察觉的不公平现象的唯一合乎道德的解决方案。无论是好的年景还是差的年景，不管是医疗危机、住房危机、肥胖危机还是就业危机，出了问题，总是被视为一种"紧急情况"。

那些提出其他意见的人通常被认为是冷酷无情的。新泽西州州长克里斯·克里斯蒂（Chris Christie）在2010年一上任，就不得不削减失控的州政府支出，不然就发不出3月份的工资了。[1] 结果他被痛斥为"阿道夫·克里斯蒂"，他的预算被称为"对穷人的侵犯"和反面教材。人们可能认为克里斯蒂关闭了整个社会服务机构，而事实上，新泽西州在每一名学生身上花的钱仅次于纽约州和华盛顿特区。

威斯康星州州长斯科特·沃尔克（Scott Walker）面对很大程度上由高雇员成本造成的数万亿美元财政赤字，也希望重塑本州的理智财政。他像一名负责任的CEO一样做了该做的事情，但换来的回报呢？是白热化的工会抗议活动和对他的罢免选举。幸运的是，他总算没有被罢免。

当年国会议员保罗·瑞恩（Paul Ryan）提议的共和党预算案建议，将政府开支削减到经济危机和"奥巴马大狂欢"之前的水平，大家还记得当时人们的反应吗？瑞恩的计划包括了各种阻碍医疗保险和社会保险发生严重问题的方法[2]，

---

[1] 新泽西州州长2013财年预算概要，第1节，2012年2月12日，另见 www.state.nj.us/treasury/omb/publications/13bib/BIB.pdf.

[2] 有关预算的内务委员会主席、威斯康星州的保罗·瑞恩："通向繁荣：重构美国的承诺"，2012财年决算，另见 budget.house.gov/UploadFiles/PathToProperityFY2012.pdf.

而无论是共和党还是民主党都认为医疗保险和社会保险的成本失控已到了不可持续的程度,结果瑞恩被政治对手以政治漫画描绘为将轮椅上的老妇推向悬崖的人。

克里斯蒂、瑞恩和沃尔克都被描绘为极端分子,而他们所做的只不过是上百万的家庭和私营企业在成本与开支失去控制时努力去做的事:寻找回头的路。这种财务上勒紧裤腰带的做法可能是痛苦的,但同样的事情在私营领域每天都在发生。理智的人们,不论是民主党人还是共和党人,通常都能判定这种举措是务实的、必要的和负责任的。

那么为什么大政府的倡导者会公然地将这样的行为归结为不道德呢?

回答显示了有关大政府的一个基本真相。当今的预算和政策辩论真正的主题不是医疗危机,或者一些其他危机,而是大政府典型的需求膨胀。大政府将自我膨胀的需求置于第一位,置于人民的需求之上。

历史学家诺思柯特·帕金森(C. Northcote Parkinson)在1950年代所著的经典管理著作《帕金森定律》中鲜明地提出了官僚机构的这一核心特征。20世纪早期对英国海军进行研究时,他发现了一个颇有讽刺意味的现象:第一次世界大战之后,水手、船厂工人以及战舰数量都急剧下降,但管理这些领域的官僚机构却逆势膨胀。

帕金森讽刺道,"要做的工作和可能分派的员工规模"之间的关系很小或根本不存在关系。[1]

> 政治家们和纳税人曾假设(虽然有个别存疑的情形)公务员总数量的不断上升反映了需要处理的事务量的增加……但事实是官员的数量与事务量之间彼此根本没有关系。[2]

---

[1] 诺思柯特·帕金森:《帕金森定律》(波士顿:霍敦·米弗林公司1957年版,1996年布坎尼尔出版社重印),第2页。

[2] 同[1]。

帕金森应该讨论过我们这个不断膨胀的大政府及其不可胜数的冗余机构和项目。2011年，美国审计总署总结了数十年来冗余、未审查的联邦机构的增加情况。按照《华盛顿邮报》的报道，美国审计总署发现：

> ……超过100个项目处理地面交通问题，82个项目监控教师素质，80个项目提升经济发展，47个项目强化岗位培训，20个办公室和项目帮助无家可归者，17个大型项目从事灾难准备，另外有15个机构或办公室处理食品安全问题，5家机构工作的目标是确保联邦政府可以少用汽油。①

所有这些官僚机构的存在并不意味着大政府正做着非常彻底和到位的工作去帮助和保护人们。那份审计报告的结论实际上是相反的。报告引述了2010年全国范围内召回超过5亿枚遭到沙门氏菌污染的鸡蛋的案例。这一事故的部分原因是总共有4家机构对鸡蛋的安全负责。② 这么多人负有责任，最后实际上没人负责。人们可能会说，这根本就没有最基本的效率和常识。

《帕金森定律》不仅总结了政府官僚机构的特征，它也指出了在私营领域的许多公司变得过于庞大和无效率后也难逃厄运。苹果、GE、思科和美洲银行都是在过度膨胀之后或者时世维艰之时需要大规模裁员的众多公司的代表。在大政府的世界里不存在这项纪律，因为政府领域不存在市场反馈，即以赢利或亏损来标识人们的需求是否成功得以满足。

缺乏这项关键信息，实际上也就没有失败一说。不合时宜的机构不能关

---

① 艾德·欧基夫："政府机构重叠浪费了纳税人数十亿美元，美国审计总署报告"，《华盛顿邮报》，2011年3月1日，另见http：//www.washingtonpost.com/blogs/federal‑eye/post/government‑overlap‑costs‑taxpayers‑billions‑gao‑reports/2010/12/20/ABRVMYN_blog.html。

② 政府责任办公室："缩减政府项目的可能重叠，节省税收资金，提升收入机会"，2011年3月，另见http：//www.gao.gov/new.items/d11318sp.pdf。

闭，就只能越来越庞大。洛约拉大学经济学教授托马斯·迪洛伦佐（Thomas DiLorenzo）用"官僚机构的无效性"来解释"作为一项规则，政府机构的绩效越差，就能得到越多的钱"这一现象：

> 美国航天局在一艘飞船爆炸之后，该机构的预算获得大幅提升。政府学校办得越糟糕，就能拿到越多的钱。对抗毒品的战争每年都是大失利的结局，这保证了我们花在禁毒上的钱越来越多。这样的例子可以无限列举。这与自由市场上发生的事情刚好相反：在自由市场上，能够成功取悦客户的机构得到财务上的奖励，反之则被惩罚。①

支持大政府的政客们一直坚持认为，要解决任何问题，就要设置更多的机构和提供更多的费用。而当前大政府已经消耗了人们挣到的10美元中的4美元。如果我们沿着现在的道路走下去，这个比例一定会在2035年达到50%以上，如果不是更早到达的话。美国的总政府开支（联邦、州和地方）在2011年约占国内生产总值的41%，达到历史上仅次于第二次世界大战时期的次高水平。而1900年，当时政府开支仅占GDP的比例不到7%。②

美国政府最近花掉了那么多税收资金，美国人民得到了什么？作为美国当局2010年医疗体制改革的奥巴马医改，造就了一头远超出帕金森最可怕的噩梦里才会出现的政府巨兽：庞大、无效率。预期医改后政府可能还要多雇用1.6万名国税局税务师来执行这些法规。同时，这项改革还会实施多达2 700页的新法规，并需要新成立超过150家政府机构。政府实施的

---

① 托马斯·迪洛伦佐："官僚机构的无效性"，《自由市场20》，第7号（2002年8月），另见 http：//mises. org/freemarket_ detail. aspxcontrol =409。
② （"41%"）克里斯·爱德华兹："联邦开支与债务的破坏性提升"，美国国会联合经济委员会前的证词，2011年9月20日，另见 http：//www. cato. org/publications/congressional – testimoney/damaging – rise – federal – spending – debt。（"不到7%"）布兰登·朱利奥："20世纪政府的增长"，《93号特别报告》，2000年3月1日，另见 http：//www. taxfoundation. org/news/show/754. html。

《多德—弗兰克华尔街改革与保护法案》创设的官僚机构更多，它让美国经济体受到最严格管制的行业之一——金融服务行业——受到400页新法规的监管。而这些还只是热身而已。政府人员的薪酬正在爆炸式地增长。《今日美国》报道，美国交通部在本次衰退之初只有一个人的薪资达到或超过17万美元；而18个月后，薪资水平达到这一金额的大约有1 690人。① 农业部的预算则超出了这个国家农民的净收入总和。

很容易理解作家威廉·沃格利（William Voegeli）对自由主义者要求增加政府职能太过随意、缺乏"限制性原则"的感叹。② 不幸的是，有这种冲动的并不限于自由主义者。理查德·尼克松创设了美国环境保护署（Environmental Protection Agency，EPA）和消费品安全委员会（Consumer Product Safety Commission），并大幅扩张了这些机构的权力范围。乔治·布什总统于2003年推出了美国医疗保险处方药计划，这又是一项新的福利计划。

在这个到处泛滥着"帕金森定律"的大政府年代，各种税收需求更是无休无止。虽然这些税收会给经济带来摧毁性的影响，但这些税收对于所支持的项目却似乎从来都是不够的，而大政府还在说私营经济是"贪婪的"。

大政府——逆沃尔玛

人们可能称大政府为"逆沃尔玛"。逛商店的人每天从"天天低价"的供应链获取更多价值，而市民与政府的关系则刚好相反：市民们向大政府付税并接受其服务，随着时间的推移，税负不断提高，得到的服务却日益减少。

---

① 丹尼斯·科盛（Dennis Cauchon）："联邦政府拿六位数薪水的人更多了"，《今日美国》，2009年12月11日，另见http：//www.usatoday.com/news/washington/2009-12-10-federal-pay-salaries_N.html。
② 威廉·沃格利：《永无厌足：美国的无限制福利政府》，（纽约：伊康特出版社）第4页。

和诺思柯特·帕金森相似，马克斯·高蒙博士也是一名机构行为学的研究人员。1960年代，这位英国物理学家研究了官僚机构在扩张规模的同时，提供的回报却不断下降的倾向。有意思的是，他的研究所观察的是英国的公费医疗制度。

高蒙写道，"官僚机构的行为像是经济领域的'黑洞'，不停地吸收资源，但'散发率'却在不断收缩"。因此，"高蒙定律"是指**一家官僚机构的开支扩张造成了其生产率的下降**。①

美国证监会为"高蒙定律"提供了很好的例证。证监会负责监管金融行业，其监管职责包括从监控会计事务到公司年报和财务报表中披露的内容等。2001年"安然丑闻"之后，国会把证监会的预算资金翻了一番。而这家巨型监管机构及其雇用的3 700名雇员却没能发现伯纳德·麦道夫历时数年的"庞氏骗局"。虽然麦道夫在证券行业很有声望，且一度担任纳斯达克交易所的主席，但他在从业几十年中通过虚假股票交易等手段从投资者手中骗取了数十亿美元的资金。期间，一名叫哈里·马可波罗的证券欺诈专家带着证据（包括一份标出几十处红标的报告）多次接触证监会，但美国证监会仍毫无作为。

在私营领域，一桩如此巨大的错误案件意味着负责人会丢掉饭碗。而一家公司如果这样，可能会失去诸多业务。但证监会及其国会里的盟友却可以因此拿到更多的资金。②在大政府的世界里，事情完全是颠倒的。

哪件事涉及大政府的需求，人民就会倒霉

对底特律汽车制造商的接管，是大政府如何将政治置于人民利益之上

---

① 引自米尔顿·弗里德曼：《自由选择：个人的声明》（奥兰多，佛罗里达：霍敦·米弗林·哈考特，1990年版）第155页。
② 杰西卡·赫尔泽和杰米拉·特琳德尔："夏皮罗为证监会经费扩张努力辩白"，《华尔街日报》，2011年3月11日，另见http://online.wsj.com/article/SB10001424052748704823004576192381898229572.html。

的经典案例。奥巴马政府坚持认为必须接管通用汽车和克莱斯勒及其后的重组，这样可以防止汽车制造商陷入破产并保住工人的工作岗位。但是有很多大型企业，包括所有的主要航空公司，一直是在破产重组中持续运营的。政府的解决方案实际上是让联合汽车工会（United Auto Workers, UAW）受益而已。联合汽车工会是美国一个强势的工会，也是政府当局的重要支持者。

美国的大政府实际上是将克莱斯勒转交给了联合汽车工会，该工会获得了克莱斯勒55%的股权。菲亚特公司和美国及加拿大政府持有剩下的股权。投资于这家汽车制造企业的债券投资人被狠宰了一刀。比起上破产法庭判决的情形，他们多损失了好多，原因很简单，这是一项政治交易。

政府接管通用汽车时，大约投入了500亿美元的纳税人的钱，以拥有该公司60%的股权。联合汽车工会拿到了大约17.5%的通用汽车股权加65亿美元的优先股，以及额外的25亿美元充作退休人员的医疗成本，其获得的价值是重组前放款给通用汽车的债权人的三四倍。①

很少有人记得当局重组汽车制造企业和"拯救"工作岗位的努力，造成了大约2 600家通用汽车和克莱斯勒的经销商倒闭和大约10万人的失业。虽然通常支持政府当局的媒体缺乏对这一问题的关注，因为被联邦政府强制关闭而停业的私营企业仍是美国历史上一段不光彩的插曲。有些汽车经销商已经数代经营并在其社区获得良好的信誉。

当局支持者们宣称这些举措是必要的，这有利于削减汽车制造商的成本负担；由于国内汽车需求的日益萎缩，这些汽车制造商的大规模经销网络已无存在的必要了。失去了市场的支持，经销商们当然要关门。但应当由经销商的顾客，或者破产法庭，而不是由政府来决定谁在销售汽车时最

---

① 美联社："通用汽车公司将给联合汽车工人工会20%的普通股"，《纽约每日新闻》，2009年5月26日，另见http://www.nydailynews.com/news/money/general-motors-corp-give-united-auto-workers-union-20-percent-common-stock-article-1.374945#ixzz1rHOwE8kv。

好地满足了人们的需求。

　　这些年底特律犯了不少错误，但数十年民主党以及共和党执政期间所做的自私的政治决策创造了条件，把汽车制造企业带到破产的边缘。不断抬高的企业平均燃油经济性（Corporate Average Fuel Economy，CAFE）标准让汽车制造商的成本上升，从而使国内汽车制造商难以竞争。问题的实质不是效率法规的问题。底特律本可以利用外国制造的汽车来满足这些标准，但为了取悦工会而实施的一条法规要求，符合美国企业平均燃油经济性标准的汽车应当至少包含75%的国产零部件。为了合规，底特律汽车制造商被迫依赖于那些年金与医疗福利优厚而成本高昂的工会工人，汽车行业被剥夺了应有的利润。

　　大政府的倡导者们和工会活动家们说，他们是在"拯救"就业岗位，然而他们的法规制造的效果却刚好相反，摧毁了就业岗位：通用汽车公司曾雇用3.95万蓝领工人，而今天该公司仅雇用4万人。①

　　大政府的自私与贪婪在当局的医疗立法之争中更是暴露得淋漓尽致。一直以来，民意测验显示，政府医改是不受欢迎的。起初，法案的支持者并没有获得国会通过的票数。为了拿到本来不属于他们的票数，奥巴马医改的支持者们承诺给路易斯安那、内布拉斯加等州数亿美元的额外医疗补助，即所谓的"路易斯安那收买"以及"掰玉米者②回扣"。这使医改法案通过了国会投票，并强加于大多数不想要的人。民调仍继续显示，大多数人仍反对这项法案。

　　试想，如果史蒂夫·乔布斯努力强行推销不成功的"牛顿"电脑——那款功能不完善也不能满足人们需求的个人手提设备——给那些不想购买的客户，那就不会有今天的"苹果"。

---

① 比尔·弗拉西克和尼克·班克雷："奥巴马对通用汽车的未来感到乐观"，《纽约时报》，2009年6月2日，另见http：//www.nytimes.com/2009/06/02/business/02auto.html_ r=2。

② Cornhusker（掰玉米者），是人们对内布拉斯加州人的蔑称。

纽约城的街道已经非常狭窄拥挤，但政府还是划出了250英里很少有人使用的自行车道，究其原因也是官僚机构的自利行为。骑自行车是一项对人健康有益的很好的业余活动。人们可以理解官僚机构想要鼓励人们骑自行车时会显得多么善意。但简单的事实是，自行车道不能满足大多数纽约人的需求。纽约的街道设计于马车年代，走汽车已经勉为其难了。如果有需求的话，也一定是需要给汽车更多的空间，而不是更少。

毫不奇怪，司机们痛恨那些自行车道，商贩们也痛恨自行车道，因为这让卡车的停泊与货物递送都非常困难。[1] 纽约人中也只有一小部分人肯冒生命危险在危机四伏的城市交通中骑自行车穿行。考虑到这些情况，人们当然会提出，与其花费上百万美元的纳税人资金用于大多数人不用而仅有极少数人会用的自行车道建设，不如投资于其他项目。20世纪70年代和80年代设置自行车道的小规模尝试均在面对尖锐反对意见后被停止。[2]

为什么纽约城的大政府会漠视大多数人的需求，以及要去违反常理和历史传承呢？因为当今纽约城的骑自行车者在城市交通委员会看来是一支有影响力的选民，因此他们是比商贩及司机们更具政治重要性的群体。这一点可能也开始发生变化。自行车道正面对着人们不断增强的反对声音，人们受够了大政府为争取小众以及影响力强的少数人而实施不切实际的解决方案。

自私的大政府正在危害人们的健康

大政府的关注焦点在于其自身内部的需求，正因为如此，政府不应当具有决定有关你医疗方案的权力。政治驱动的政策推出了让人烦恼的自行

---

[1] 约瑟夫·台帕和迈克尔·菲尼："在哈莱姆保护自行车道引发争议"，《纽约每日新闻》，2011年12月9日。
[2] 戴维·古德曼："城中自行车道扩展遭遇反对声音"，《纽约时报》，2010年11月22日，另见http://www.nytimes.com/2010/11/23/nyregion/23bicycle.html。

车道，汽车行业的救助政策愧对纳税人并嘲讽了立法原则，这些已经够糟的了。而在奥巴马医改政策下，自私、政治化的官僚机构会越来越强地影响任何一个人的医生的决定。这对每一个美国人而言都意味着危险且具有破坏性的后果。

政府机构对医疗方案省钱的需求会不断压制你的治疗需求。这种锱铢必较的态度将影响人们的治疗，不管人们是由政府保险还是由私人机构保险。

社会改革的激进派会嘲笑"死亡小组"的想法。可能并不存在一个秘密决定别人死活的委员会。但奥巴马医改产生的各种新机构相当于在进行医疗保险的配给。正如南茜·佩洛西的预测，美国人正在明白这个庞然大物里卖的是什么药。有一条颇具争议的法规为相对有效研究（Comparative effectiveness research, CER）提供了10亿美元的资金。相对有效研究意在为保险公司和医生提供在最低成本下获得最佳结果的医疗方案信息。表面上看，这挺温和的，但这件事的实质却相当险恶：相对有效研究源自于英国国家医疗体系的概念。英国相对有效研究机构是国家卫生与临床优化研究所，缩写名为NICE（英文指"好"的意思）。该机构产生的数据用于英国医疗额度分配。

英国设了一个"质量调整的寿命年限"指标，实际上就是为个人每增加一年寿命的价值给出了一个价签。卡图研究所医疗政策分析师迈克尔·坦纳解释说，"精确地讲，每延长一年寿命大约值44 000美元"。[①]

如果给某位患者的一项医疗方案不能在"质量调整的寿命年限"的意义上提供足够的价值，则英国政府可能不会提供资金。这意味着什么？比如，你年届70岁并需要做心脏手术（很多人在这个年龄都要做），那么我们这个官僚化的医疗新世界可能会否决你的治疗，因为不能满足"利益"

---

① 迈克尔·坦纳："'死亡小组'的说法太夸张了，至少现在如此"，《每日电话》(The Daily Caller)，2010年3月27日，另见http://dailycaller.com/2010/05/27/death-panels-were-an-overblown-claim-until-now/。

的相对有效标准。忘了你作为一名病人的个人需求与愿望吧！

奥巴马总统暗含的意思是，这种对老人的医疗限额配比即将实施。他抱怨道："长期病和生命即将终结者的费用大约占到总医疗费用的 80% 左右……在这方面要进行一场民主讨论是非常艰难的。"①

华盛顿州的医疗技术评估（Health Technology Assessment，HTA）计划，也负责监控提供给雇员及医疗补助接受者的保险单，并展示在相对有效原则下你能够预期的治疗类别。委员会最近质疑了对 18 岁以下儿童进行葡萄糖监控的必要性，但这一措施长期以来被认为是标准的治疗方法。这项治疗甚至是"贪婪"的私营保险公司也会提供的。②

后来呢？在公众声讨之后，医疗技术评估计划最终决定继续提供葡萄糖监控治疗的费用，但该机构还是限制了慢性背痛者昂贵的脊髓注射的费用。

之后又有了强势的独立费用咨询委员会，其职责是削减认为过于昂贵药物的赔付率以控制医疗成本，以及不鼓励医生开这些药。太平洋研究所的著名医疗分析师萨莉·派匹斯及其他许多人都认为，这就是对老年人的医疗配给。③

大政府的倡导者可能会回应说，没有奥巴马医改，私营部门也会通过价格机制"配给"治疗方案。但事实根本不是这样。自由市场上的公司与政府官僚机构不同，不会以削减什么来应对不断增长的需求。如果市场上有更多对食物、衣物或者平板电脑的需求，企业家们会找到满足需求的途径。如果我们有了一个医疗领域的公开市场，那么解决方案很可能就不是

---

① 见巴拉克·奥巴马接受大卫·里奥哈特的采访，《纽约时报》，2010 年 4 月 28 日，另见 http://www.nytimes.com/2009/05/03/magazine/03Obama-t.htmlpagewanted=all。
② "支持糖尿病患者的理事会"，《华尔街日报》，回顾与展望，2011 年 3 月 18 日，另见 http://online.wsj.com/articleSB10001424052748704662604576202883913468422.html。
③ 萨莉·派匹斯："即使奥巴马医改的支持者也不支持配给委员会"，《福布斯》网站，2011 年 6 月 13 日，另见 http://www.forbes.com/sites/sally-pipes/2011/06/13/even-obamacares-supporters-dont-suppport-the-rationing-board/。

削减能够帮助老人缓解病痛的昂贵注射费了。生意人会发现新的方式方法，提供更多服务却花费更少。这一形势已经在当今不受法规影响的零星医疗市场里出现了。一个例子是流行感冒的针剂已能够在沃尔格林（Walgreens）折扣柜台上买到。

支持中央集权的人坚持认为大政府在改革医疗体系上是必要的。而当今医疗体系是应对监管而演化的结果，不是应对客户需求的结果。第二次世界大战期间，雇主受战时工资与价格控制的管束不能提高工资，于是他们开始提供医疗保险。联邦税法允许雇主税前扣除医疗成本，使该做法制度化。

结果呢？出现了一个由政府设计的行业，各家公司成为健康保险的主要买家。市场就变成了努力满足这些企业需求而非其消费者需求的状况。

在一个真正的开放市场中，个人而非公司将成为健康保险的主要买家。购买健康保险而享受税收的应当是雇员，而不能仅仅针对雇主。这样，建立一个全国性市场的障碍才能被去除。

几项很简单的改革就能很快形成一个消费者驱动市场。如果你是健康保险市场的主要买家，保险公司、医生、医院会围着你转，竞相争取你的生意。从政府监管的约束中解放出来的企业家们以及那些解决问题的高手们将会满足你的需求，就像他们在每一个市场上所做的那样。你会得到细心而友善的服务，而且最重要的是，价格会降下来。

自私的大政府难以依靠

为什么政府机构会花纳税人的钱建造数百英里昂贵而大多数人用不上的自行车道或建造几座"绝路桥"呢？为什么政府机构成员要投票通过一些长达上千页、成本高昂、对人们生活产生重大影响而他们自己都还没有读过的立法呢？原因是那些在政府部门工作的家伙们，无论他们的意图多么高尚，对我们而言，这些人都是靠不住的。

我们之前曾指出过，政客们和官员们只在选举的时候才要应答他们的选民。对于政府，不存在一个日日更新的市场反馈来制约"帕金森定律"的作用，因此政客们很少有压力来取悦大政府的"客户们"以及"股东们"——我们这些交钱想要得到政府服务的人。

以《华尔街日报》记者丹尼尔·亨宁格的话说，就是纳税的私营部门被看做是一个含糊的"智力抽象"。① 很难让这些政客们理解，他们不经意间花掉的数十亿美元实际上就是人们的血汗钱。

在 2011 年联邦预算辩论期间，奥巴马总统说他缩减联邦赤字的一种方法是通过一种"债务万全触发器"的机制。这是一个官僚术语，其意思是指不需要任何人投票同意的自动增税。② 这些自动的增税将会成为即使本届政府下台后也能够继续搜刮人们口袋的"能力"。国会没有支持这一提议。

自动开支增长，这好像太过平常了。《纽约邮报》报道，2011 年纽约州州长安德鲁·库奥姆（Andrew Cuomo）初次就任时，他很郁闷地发现"一项预期为 13% 的开支增长，由数位院外游说者和合谋的立法者写入法律的一系列自动开支增长机制所决定"。③ 而教育和医疗补助领域的开支必须增长，无论何种情况，即使经济衰退让税收收入下降也必须如此。

钱都花到哪儿去了？都投入到了不断扩张的官僚机构和昂贵的雇员福利上去了。这里只引举一个例子，纽约城公共部门工作人员的福利过去十年里增速为私营部门的两倍。消防员和警务人员工作 20 年后就可以半薪退休，即使他们可能只有四十几岁。他们的养老金不用缴纳州税，还能再加

---

① 丹尼尔·亨宁格："奥巴马的两个经济体"，《华尔街日报》，2011 年 9 月 15 日，另见 http://online.wsj.com/article/SB10001424053111904060604576570821884273638.html。
② 瑞恩·艾利斯："奥巴马的'税收触发器'瞄准就业与增长"，美国税收改革网站，2011 年 4 月 18 日，另见 www.atr.org/content=taxtrigger#ixzz1rHTBfQbR。
③ 布兰登·斯科特和弗雷德里克·迪克尔："库奥姆展示了肮脏的预算花招"，《纽约邮报》，2011 年 2 月 1 日，另见 http://www.nypost.com/p/news/local/cuomo_exposes_dirty_trick_DRgwu2QVC7WnpgORXaWZzM#ixzz1jZlUKwCo。

上一份年终奖和健康保险。州政府必须用纳税人的钱年复一年地支付这些款项。①

联邦政府的情况相差无几。分析一下美国商务部的经济分析局数据就会发现，联邦雇员平均而言能挣到私营部门同等级薪水的两倍。2000—2009年，联邦雇员的总薪酬（包括福利）翻了一番还多，从30 415美元增至61 998美元。②

丹尼尔·亨宁格在《华尔街日报》上解释道，政府员工的需求在1960年代就开始排到了他们的"客户"——纳税人——的需求之前。肯尼迪总统签署过一项总统令，允许联邦员工加入工会。亨宁格指出，新成立且立即快速扩张的政府工会拥有私营部门工会难以企及的特权。私营部门的工人"受到现实世界的利润与亏损的制约"③，他们有必要帮助公司做好业务，因为他们若能持续受雇和获得更多工作岗位的话就能获益。公共部门的工会则隔绝于市场的力量，没有什么事情可以阻止他们推升越来越高的薪资与福利，而他们也是这么做的，因为他们能。

这种精神状态让政府工作人员的薪酬上升到最高层，也将为数不少的州政府推入了财政危机的深渊中，并且这也鼓励了大量的腐败行为。病假的小技巧就让各州政府花掉了上亿美元的资金，其他例子，包括长岛铁路的残疾丑闻。近10年来，几乎所有快要退休的通勤线路上的雇员都拿到了残疾福利，而这些"退休者"大多只是刚过50岁。典型的情形是，抱怨说自己站立时间不能超过5分钟的办公室员工就可以被认为是"残疾"并领取残

---

① 丹尼尔·迪萨尔沃和弗莱德·西格尔："新坦姆尼堂"，《旗帜周刊》，2009年10月12日，另见 http：//www.weeklystandard.com/Content/Public/Articles/000/000/017/031citja.asp。
② 丹尼斯·科盛："联邦工作人员薪酬比私营企业高一倍"，《今日美国》，2010年8月13日，另见 http：//www.usatoday.com/money/economy/income/2010 - 08 - 10 - 1Afedpay10_ST_N.html。
③ 丹尼尔·亨宁格："肯尼迪国会之倾覆"，《华尔街日报》，2010年1月21日，另见 http：//online.wsj.com/article/SB10001424052748704320104575015010515688120，00.html。

疾补助，而事后有人看到他铲雪超过 1 个小时。于是就有了一位每年拿 10 万美元残疾福利和年金的退休员工。虽然报告里说他在弯腰与取物时非常痛苦，但他在高尔夫和网球场上却非常活跃。这当然用的是纳税人的钱。①

政府贪婪的经济成本

自由市场的"看不见的手"可以满足社会需求并促进经济繁荣，而大政府的监管工作和官僚干预则是拖累一个国家经济下滑的"看不见的负担"。

这种情况并非仅存在于贫穷的朝鲜或者因长期短缺而不复存在的前苏联。大政府"看不见的负担"也必须为欧洲社会民主主义经济的缓慢增长负责。英国记者和政治家丹尼尔·汉南提醒我们，在二战之后的几十年直至 1970 年代中期，西欧实质上已超出了美国。而此后西欧各国转向社会主义政策，并试图在俄罗斯共产主义与美国的资本主义道路之间走出"第三条道路"。此后欧洲的经济增长就开始落后于美国。②

目前构成欧盟的国家，其 GDP 在 1974 年即占到全球的 36%。目前该比例已下降至 22%，到 2020 年预期会进一步下降到 15%。对比来看，美国的 GDP 份额在 30 年内保持着惊人的稳定。汉南提出了一个令人惊讶的发现："如果剔除英国，欧盟在 1980—1992 年间没能产生出哪怕一个私营部门工作岗位的净增量。"③

同一时期，美国冲到了前面。从 1980 年代早期直至 2008 年金融危机

---

① 威廉·拉什鲍姆："长岛铁路欺诈案中 11 人被诉"，《纽约时报》，2011 年 10 月 27 日，另见 http://www.nytimes.com/2011/10/28/nyregion/charges-in-lirr-disability-scheme.html_r=1&pagewanted=all。
② 丹尼尔·汉南："对美国的欧式警告"，《华尔街日报》，2011 年 3 月 11 日，另见 http://online.wsj.com/article/SB10001424052748703559604576176620582972608.html。
③ 丹尼尔·汉南：《为什么美国一定不要学欧洲》（纽约：英康特出版社，2011 年），第 11 页。

前，美国经济增长率平均达到 3.3%，而西欧国家的年增长率则低于 2%。①这还没有考虑美国是世界上最大的经济体的规模因素，因为"大"通常都是难以快速增长的。

金融危机以来，美国在经济停滞与失业方面有了一些欧洲的味道。这种经济上的无精打采——人们多年既无职业又失去希望地游荡——是一种道德社会吗？是美国人想要的生活吗？

"帕金森定律" 大爆发：希腊如何开始走下坡路？

大政府的贪婪与自私的典型代表就是希腊政府。希腊政府过度臃肿，让整个国家陷入混乱与阵痛状态。即使诺思柯特·帕金森本人也会惊讶于希腊政府的膨胀失控状态以及因此对希腊社会每一个角落的腐蚀。迈克尔·刘易斯在 2010 年《名利场》杂志上的一篇文章中报道，希腊公共部门职员的薪资在过去 10 年里翻了一番，而"该数据还不包括那些公共部门官员收受的贿赂"。

> 政府岗位的平均薪酬大约是私营部门平均水平的 3 倍。国有铁路的年营业收入为 1 亿欧元，而其职员年度总薪酬达 4 亿欧元，外加 3 亿欧元的其他开支。国有铁路员工的平均年收入可达 65 000 欧元。②

希腊的某任财政部部长曾讲过，在这样的薪酬水平下，让这个国家的所有铁路旅客改乘出租车也许更便宜一些。希腊的公立学校费用略好一些。希腊的每名学生对应的教师数量比排位靠前的芬兰还多四倍。希腊臃肿膨

---

① 布莱恩·多米特罗维奇：《经济学大破裂：引发供应学派革命并恢复美国繁荣地位的叛逆者》的第 1 章，"那名 20 世纪 70 年代的房客"（威尔明顿，特拉华：学院间研究所，2009 年）。

② 迈克尔·刘易斯："警惕希腊的债券"，载于《名利场》，2010 年 10 月 1 日，另见 http://www.vanityfair.com/business/features/2010/10/greeks-bearing-bonds-201010。

胀的系统在欧洲是最严重的。刘易斯写道："让孩子上公立学校的希腊人基本都认为他们必须雇用家庭教师，以确保孩子能学到点东西。"

与美国情形相似的是，希腊人一直以大量的刺激政策来激活其缺乏活力的经济体。刘易斯写道，这包括了"大量未记录在案的虚假工作岗位计划"。其中一项计划拟雇用270人将希腊公共土地的照片数字化。问题在于这种政治性的雇员常常没有任何数字摄影的经验。①

希腊政府如何变成了这样一个毒性十足的怪兽？这个国家的财政部部长告诉《名利场》杂志的记者说，官僚机构的帕金森氏增长症怎么也无法管束。大政府的贪婪使官僚机构长期以来已经忘记了其对纳税人和社会的道德责任。正如刘易斯所指出的，"执政党只是一味地榨出他想要的数字，为了自身的目的"。②

自由市场的基础：不是贪婪而是给予

已取得成功的人们常常谈起"回报社会"的需要。其实这种说法有许多误导的成分。托马斯·爱迪生需要为给人们和家庭带来电灯光而"回报社会"吗？马克·扎克伯格需要为革命性地提供以Facebook在线沟通的渠道而"回报社会"吗？或者是某人需要为创造财富和之前并不存在的就业岗位而"回报社会"吗？那为什么一名成功的汽车经销商或者不动产经纪商要道歉呢？想一想没有他们的服务你会怎样？

这并不是向慈善机构捐款的问题（我们之后将讨论）。我们争论的焦点在于一种深层次的理念，即那种认为在我们的市场体系中创造财富的人需要因为从他人那里的"获取"而进行某种方式的补偿。

自由企业的导师乔治·吉尔德简明扼要地用"资本主义的道德之源"

---

① 迈克尔·刘易斯："警惕希腊的债券"，载于《名利场》，2010年10月1日，另见 http: //www.vanityfair.com/business/features/2010/10/greeks – bearing – bonds – 201010。
② 同①。

来解释"资本主义始于给予"。贸易,究其本质是互惠,每一方都有一些东西给予另一方。在自由市场上的自利意味着你的利益就是为他人或者为其他公司提供足够多的好处以便让交换能够实现。吉尔德告诉我们,最早的贸易关系是基于给予,而非获取。

原始社会的资本家是部落的头领们,他们互相竞争,看谁能提供更好的盛宴。类似地,贸易始于一个家庭对另一个家庭或者一个部落对其相邻部落的供奉。这些供奉常常在宗教仪式中被提供出来,希望最后也能得到一份回赠。①

吉尔德实际上描述了一种投资形式:你投入了资源但不确切知道能得到何种回报。这种给予的传统就是资本主义客户服务精神的核心。人们通常理所当然地认为,各种生意要张贴口号并投放广告,告诉客户我们就在这里为你服务。无疑,有些企业在兑现承诺方面做得比其他企业好。但实际上给予服务是我们以市场为基础的文化基石。

美国自由企业的给予文化正是美国作为一个慈善国家的真正原因。私人慈善活动在经济衰退中略有下降,但美国人仍然每年向慈善机构捐赠大约3 000亿美元。② 来自独立部门(Independent Sector,一家关注慈善捐助的非营利性机构联盟)的数据表明,几乎90%的美国家庭向慈善机构或宗教机构进行了捐赠。哈德森研究所(一家政策智库)的数据也显示,在金融危机到来之前,美国私人捐赠给发展中国家的慈善资金超过任何其他国家。

主张大政府的激进人士很难相信,驱动私营部门企业家们的除了对物质富裕的欲望之外还有什么。反市场的偏见歪曲了大家对自由市场上个人

---

① 乔治·吉尔德:《财富与贫困》(旧金山:ICS 媒体,1993 年)。
② 慈善导航网:"捐赠统计",另见 http://www.charitynavigator.org/index.cfm? bay = content.view&cpid=42。

或企业的自我利益的准确观察。米尔顿·弗里德曼在《自由选择》一书中解释了自由市场交易并非是由"短视的自私自利"所驱动的。自我利益涉及满足个人的目标和欲望,例如,"科学家寻求扩展他领域的边界,传教士想让异教徒转为真正的信仰者,慈善家想要给需要的人带来安慰,等等,所有这些人都在追求其自身的利益,他们自己也是这么看的,他们以自己的价值标准进行判断"。①

钱只是推动人们选择一个职业或者关注一种利益的多种因素之一。它可能连主要因素都算不上。有可能这份工作对你有吸引力,或者你喜欢正在销售或者开发的产品,或者你跟职场的同事们有一些共通之处。

企业家们也被这种"自利"所驱动。大多数时间里,他们开创一项事业并不是为了致富,而是为了寻求他们生活中某一个问题的答案。保险经纪人刘易斯·沃特曼1800年发明了自来水笔,原因是他在用老式笔签一份重要合同时笔漏水了,等他换了一支笔回来时,发现一名竞争对手冲进来已先他签下了这单生意,沃特曼丢掉了这一单生意。于是他决心阻止这一悲剧再次重演,就发明了一支不会漏水的笔。② 软件开发商德鲁·休斯顿有一个互联网文件存储服务的想法,当他还是麻省理工学院的学生时,就把这个想法变成了 Dropbox。有一次他落下了 USB 驱动器,使他在去纽约的途中无法工作。③ 于是休斯顿想出了一个解决方案:一个基于网络的文件存储服务,可以允许你使用各种设备进行工作。这家公司现在成了互联网上最热门的初创公司,拥有 5 000 万用户和 40 亿美元的估值。④

---

① 米尔顿·弗里德曼:《自由选择:个人的声明》(佛罗里达:霍顿·米夫琳·哈考特,1990 年)。
② 《收藏者周刊》,"古老而有珍藏价值的沃特曼笔",另见 http://www.collectorsweekly.com/pens/waterman。
③ 维多利亚·巴瑞特:"最优小公司:Dropbox",《福布斯》,2011 年 10 月 19 日,另见 http://www.forbes.com/forbes/2011/1107/best-companies-11-drew-houston-steve-jobs-ferdowsi-dropbox-barret.html。
④ 同③。

Dropbox 以及自来水笔都是典型的自由市场创新，让生活更加轻松，与此同时创造了工作岗位和财富——不仅让这些发明者和创造者得益，而且还让不可胜数的其他人也得益了。如果这不是"给予"，那么什么才是呢？

利润如何让市场"品行"端正

这里有一则史蒂夫·乔布斯的故事，显示了利润的道德价值。传记作家沃尔特·伊萨克森写道，乔布斯和苹果的共同创立人——孩童时代的伙伴史蒂夫·沃兹尼亚克，对世界的看法非常不一样。作为一名出色的工程师，沃兹尼亚克信奉"给予并帮助别人"的信念。① 像他的黑客伙伴一样，他认为要把信息与技术提供出来。当时他开发了苹果 I 型个人电脑，就想要无偿地交出来。但野心勃勃的乔布斯看到了他朋友的发明创造的潜在价值，于是就让他别这么干。乔布斯说服了沃兹尼亚克，成立了一家公司，以出售沃兹尼亚克的发明成果。他们创建了苹果公司，造就了历史。

乔布斯是不是自私而贪婪呢？有些人会忍不住说"是"。大家都知道乔布斯的坚强和尖刻，他的确是围绕着自身利益来作为的。但他采取的路径却是道德的。如果沃兹尼亚克交出他的技术，事情的发展可能就会与今天完全不同，沃兹尼亚克的产品可能会一直待在他黑客伙伴的工作台上，或者另外有人发展了他的技术，但可能不够精彩。实际上，沃兹尼亚克的发明成了能够带来利润的成功发明，它不但吸引了投资者和资本，而且还让苹果公司发展壮大并成功地开发出现今一系列闻名遐迩的产品。乔布斯的"自私"带来了利润，也正如他所说的"改变了世界"。苹果的发明不仅革命性地改变了计算过程，而且还改变了娱乐业与媒体行业，改善了无数人的生活状况。

乔布斯"剥削"沃兹尼亚克了吗？很难这么说。今天，他的个人价值

① 沃尔特·伊萨克森：《乔布斯传》，第 61 页。

估计达到 1 亿美元。乔布斯的"自私"让沃兹尼亚克和在公司工作的很多人成为远超过百万富翁的百万富翁，还不用说也为数十万名股东创造了价值。

自由市场的反对者蔑视"贪婪"的利润，常常坚持认为不应当让人们获取利润。但不能让人们获得利润，市场就不能满足他们为社会提供服务的关键职能，新公司和企业就永远也不会成立，类似 iPad 和无数其他发明也将永远不会被开发出来，而乔布斯之类的企业家们将不能"改变世界"。由此可见，利润不仅对市场的成功运作十分关键，而且也是符合道德的。

弗里德里希·冯·哈耶克和米尔顿·弗里德曼解释了价格与利润实际上是一种沟通体系。他们阐述了什么是有需求的以及什么是没有需求的。当人们对某物品有很强烈的需求的时候，价格和利润均抬升，生产者竞相涌入来提供服务。下行的价格与利润则相反，标志着不断萎缩的需求，生产商就会限产并提高其产品与服务的质量来应对。利润以这种方式调动人们的积极性去满足其他人的需求。

还记得几年前亚马逊发布其电子书 Kindle 时的情形吗？在线的零售商根本没办法建立该产品的库存。亚马逊的成功表明，这一正在兴起的市场有赚钱的机会。其他公司，包括苹果公司，携其 iPad 以其自己提供的服务投入这一市场。由于利润的存在，对电子书的需求很快得以满足——不仅是 Kindle 的需求，而且还有其他竞争产品的需求。

接着有趣的事发生了。所有这些相互竞争的产品使价格走低。Kindle 的价格由最初的 400 美元降至不足 80 美元。电子书开始成为学生和预算有限的人用得起的产品，而一两年前他们还买不起这款尖端科技产品。很短一段时间之前还被视作"奢侈品"的技术得到了广泛应用。利润不仅帮助市场满足了需求，而且还促进了生产的繁盛。利润刺激了竞争的加剧，从而使价格回落，使电子书变得能让更多的人用得起。利润的机制隐藏在我们将在第 3 章中提及的"Staples 原则"之下，该原则是指有创造力的市场能够提升人们的生活水平，给越来越多的人带来进步。

正如我们在史蒂夫·乔布斯和苹果的案例中看到的，利润给投资者提供了资本，鼓励人们冒险投资于可能成功或有可能失败的项目。人们谴责那些像KKR和黑石那样的私募股权公司以及对冲基金的"肮脏"利润，但他们没有看到，这些公司的投资所创造出来的价值不仅有益于直接的投资人，而且施惠于更广泛意义的社会。在1991—2006年间，全球的私募股权公司为他们的投资者创造了4 300亿美元的净价值，这些价值的去向包括大学、慈善机构和覆盖数千万美国人的养老金计划。[①] 这些"贪婪"的利润转化为财政更加健全的员工养老金计划，给公立及私立学校更多的财务资助和奖学金，支持为开发治疗疾病的方案而做深入的研究等。

我们需要利润的另一个原因是，新公司有着非常高的破产概率。利润提供了新资本的来源，可以覆盖那些破产公司的成本。利润对于现存公司的运营维护也十分关键：没有了利润，公司就不能更换过时或损耗了的设备。这就是为什么人们常能在一些大政府国家看到破败的建筑物的原因，这些国家除日常运营的开支之外，再也没有剩下来的钱可以做维护和新的投资，结果只能是衰败。

自由市场与"自我经济"

我们之前讨论了大政府体系内受关照的官僚机构如何抛却人们的需求，给医疗市场等领域强加一种僵化的"自上而下"的方案。有竞争的公开市场则正好相反，为获取生意而相互竞争的各家公司不断地开发有创造力的新方法来精准地满足客户们的需求。

对此最好的说明就是由互联网和个人电脑的兴起带来的定制化热潮。《美国新闻与世界报道》曾将其描述为不断增长的"自我经济（Me-conomy）"，其中，人们可以设计自己的产品，从旅游鞋、皮鞋和T恤衫到信

[①] 史蒂夫·福布斯："私募股权，大众利益"，载《华尔街日报》，2007年7月25日，另见 http://online.wsj.com/article/SB118532670875877067.html。

用卡。① 我们甚至正在见证"3D 打印"的兴起，这是一种让人们可以设计和制造自己家具、玩具和其他三维物品的昂贵的尖端的软件，而之前人们通常从别人那里购买这些物品。

商业作家及管理大师约瑟夫·潘恩二世在写《每一名客户都是自己的市场》时谈到"大规模定制经济"的趋势。他声称，"每一名客户都应该得到在他愿意承担的价格上能够获得的东西，而企业必须用能获利的方式将其实现"。②

迈向定制化经济的趋势实际上就是以技术放大了自由市场满足人们需求的天然冲动。想象一下，如果我们去除当前大政府的各种限制，同样的情况会发生在高度监管的市场（如医疗市场）中吗？不幸的是，现在我们能做的也就只能是想象一下而已。

以开放市场来满足社会的需求

当政府的干预被阻止，市场里再度引入选择与竞争时，就会有不可思议的事情发生。人们能得到数量极其丰富的产品，买得起更多的商品与服务，以及能为更多的人提供更多的选择，并且是以更加公平的方式。市场会满足人们的需求与欲望。

以下就是路易斯安那州为新奥尔良市的公共教育提供更多选择之后出现的情况。许多年来，该市的公立学校一直就是个灾难。"卡特里娜飓风"之后，路易斯安那州政府最终还是介入进来并实施了市场改革，成立了一些特许学校，给学生和家长更多的选择空间。学校还在体系内引入竞争机

---

① 金佰利·帕尔玛："YOU 的故事"，载《美国新闻与世界报道》，2008 年 10 月 27 日，另见 http: //money. usnews. com/money/personalfinance/articles/2008/10/27/the - story - of - you。

② 约瑟夫·派恩二世："大规模定制之外"，《哈佛商业评论》博客网络，2011 年 5 月 2 日，另见 http: //blogs. hbr. org/cs/2011/05/beyond - mass - customization. html。

制，校长们可以自主决定其雇用教师策略。其结果呢？学生们测试成绩不断提升，达到毕业标准的学生人数几乎翻倍。新成立的特许学校里低收入家庭学生的成绩超过了其他公立学校里的学生，超过成绩几乎高达20%。①

在瑞典，独立学校体系被"左"派和"右"派的政党交相称赞，它极大地提高了学生成绩并给瑞典教育带来了创新方法。②

另一个例子是航空旅行。回溯到1970年代，美国民用航空局严格监管航空公司。航空旅行只是有钱人才能享受的旅行方式，而飞机常常只载一半乘客。1978年航空业管制放松后情况完全变了。航空旅客的数量翻倍，并且人们不必像以前那样匆忙预订，因为航班多起来了。以实际成本看，飞机票价也几乎降了一半。③

当前折磨航空业的航班延误与取消也并非取消管制的结果，而是源自机场本身仍继续由政府控制所致。慢节奏的大政府官僚机构不让机场安装现代基于GPS的航空管理技术。最近监管机构对承运人长期让飞机等候的罚款处罚也造成了航班取消次数的增加。像以往一样，大政府的法规想要解决问题，却造成了非预期的破坏性后果。

削减大政府管制并开放市场后可能出现的情形的典型案例就是对老AT&T公司（贝尔大妈，Ma Bell）拆分的案例。现在很多人太年轻，已经记不得电信行业放开管制之前的情形了。打破由政府管理的电话通信垄断，让美国的电信体系转变为一个由许多经营商组成的竞争性行业，这造成了新服务提供的大爆炸——不仅有新类型的硬件，还有全新的技术。

在解除管制之前，用户只有一种或两种电话可选，颜色也只有几种。

---

① 贾德·霍恩："新奥尔良的新学校"，载《教育未来》（2011年春季），另见 http：//educationnext. org/new‐schools‐in‐new‐orleans/。
② 丹·利普斯："瑞典的校园选择：对迪博的托马斯·伊德加德的采访"，传统基金会，网络备忘录2828号，2010年3月8日，另见 http：//www. heritage. org/research/reports/2010/03/school‐choice‐in‐sweden‐an‐interview‐with‐thomas‐idergard‐of‐timbro。
③ 小弗雷德·史密斯和布莱登·考克斯："航空自由化"，载《经济学精准百科全书》，经济与自由图书馆，另见 http：//www. econlib. org/library/Enc/AirlineDeregulation. html。

现在市场上不仅有了手机，而且还有互联网电话以及其他一些类型的电话等，这些电话拥有电话等待、电话转移和语音邮件之类的功能。电话呼叫及设备的成本都大幅度下降了。在1984—2003年之间，各州之间的长途电话费率下降了约68%，而州内电话费率则下降了约56%。①

最后一个例子：买入与出售股票的经纪商佣金一度由证监会设定为一个固定的水平。佣金水平比较高，经纪商实际上享受着政府管制的费率带来的补贴。1975年，政府终止了确定固定价格的方式，经纪行业开放了。折扣经纪人冲入市场，许多老的经纪人公司退出了行业，而其余的公司则更高效了。今天，即使规模最小的交易商也可以以几分钱一股的价格做几千笔的交易。股票交易变得便宜并第一次让上百万的人们用得起经纪人，这为大众拥有股票高潮的到来作出了贡献，而这种大量的股票购买则推动了过去30年的经济繁荣，直至金融危机。

裁减以自我为中心的大政府官僚机构对国家有着同样的放开效应，例子到处都是。在过去30年里，自由市场改革带来了全球财富的创造，使全球经济获得了前所未有的大发展，并让印度、中国、巴西等国，还有中欧国家及拉美和非洲国家的数亿人口摆脱了贫困。

随着前苏联的崩溃而重获独立的巴尔干各国，尤其是爱沙尼亚、拉脱维亚和立陶宛取得了比欧洲任何国家更快的增长速度。这三个国家虽然在全球性经济危机时期遭受了严重打击，但现在其经济增长已逐步恢复。

前东德自与经济上更加自由的西德合并之后，也取得了很大的繁荣。按照慕尼黑一家经济研究机构的报告，东德人的可支配收入从仅有西德人水平的60%增长到2007年的78.6%。② 失业率虽然较高，但已显著下降。

---

① 罗伯特·克兰戴尔博士和杰里·艾里格博士：" 得克萨斯电讯：除了价格，每个方面都活力十足"，为得克萨斯公共政策基金会准备的研究报告，2005年1月（以上信息为作者基于劳工统计局数据分析得来，第8页）。
② 莫利亚·赫斯特：" 合并之后的东德20年"，布隆伯格，《商业周刊》网站，2009年11月5日，另见http://www.businessweek.com/globalbiz/content/nov2009/gb2009115_550451.html。

当一个经济体从大政府自私自利的官僚机构的专断管理中被解放出来时，企业家精神不可避免地会获得提升。正如我们在下一章里将要看到的，人们通过创立企业并扩展业务，投资于一些发明创造，就能够提供满足其他人需要的产品与服务。而这种情景是目光短浅的官僚机构难以预见的。

第 2 章

要自由还是要"老大哥"?

要选择还是要胁迫?

经济学家米尔顿·弗里德曼说,你可以做"自由选择"。① 你可以根据自己的愿望与要求设计自己的道路。你决定买或卖、买卖的价格以及其他,不是为了响应政府的权威和命令,而是因为你判断这些活动符合你自己的利益。你有权利做出自己的决定,因为是你本人而非他人"拥有"你自己。自由市场给予的选择与维度建立在对个人权利尊重的基础上。

你不仅可以自由选择,而且还可以有很多可选择的余地。公开市场意味着新进入的企业家可以提供新的产品和服务,并由此成长起来,因而在政府干预最少的行业,能够见到最多的产品和服务。

通过提供丰富的物质条件和对个人权利的保护,经济上的自由也培育了一种民主、繁荣的社会;相反,大政府以胁迫来达成其目标。我们可能不认为我们的民主政府带有胁迫的性质,但所有的法律必然是带有胁迫性的。自由市场的倡导者,从亚当·斯密开始,就认为某种形式的胁迫对市场作用的发挥是必要的。政府必须携国家之力征税、惩罚犯罪、执行合同、实施有利于社会的法律,即便并非所有人都愿意遵守这些法律。哈耶克曾在一段著名的讲话中提到,在建立"交通规则"、创建一个使交易可以依据法律进行的稳定环境方面,政府是必要的。② 这意味着必须要定义诚信行为

---

① 米尔顿·弗里德曼:《自由选择:个人的声明》(佛罗里达:霍顿·米夫琳·哈考特,1990 年)。
② 哈耶克:《通往奴役之路》,选自《哈耶克选集》第二卷,布鲁斯·凯德威尔编辑(芝加哥大学出版社,2007 年),第 113 页。

的法律特征并付诸实施，以保护人们免遭欺诈之害。

大政府的问题是，在行使这项权力时走得太远了，滥用了权力。美国当今政府的情况早已超出了哈耶克所谓的建立"交通规则"的层次，最终建成了一套全球定位系统（GPS）。通过胁迫性的监管与税则，政府越来越想指导人们的决策，给经济与个人自由施加约束。在市场、职场、医生的诊所，甚至在餐桌上，大政府都在施加扼制企业和扼杀个人自由的各种自上而下的"方案"。

哈耶克见证了二战之前极权体制的崛起，因而提出了著名的警示性的观点：政府权力看似温和的扩张，却有可能将国家带上"奴役之路"。① 人们被中央计划者承诺的保护与公平所迷惑，最后可能是将自己的自由交给了暴君。

美国人还未曾在奴役之路上走得太远，至少到目前如此。一直以来很少有人把美国的大政府（即使是到目前的规模）看做是一个极权主义的"老大哥"，但政府开始告诉人们允许他们吃什么食物或者购买什么样的灯泡，或者要求人们购买医疗保险时，事情就开始有点儿不对劲儿了。乔治·华盛顿曾说过："政府不是理性，也不是雄辩，它是一股力量；而力量，像火一样，是一个危险的仆人和可怕的主人。"②

终极追问：你真的想让国家攫取你的自由选择权并代替你做出决定吗？

"你并不自由"

怎样的情况下政府的胁迫不再合理、不再符合道德？建国的国父们也

---

① 哈耶克：《通往奴役之路》，选自《哈耶克选集》第二卷，布鲁斯·凯德威尔编辑（芝加哥大学出版社，2007年），第113页。
② 引自国会图书馆的引言辞典，载《国会每季新闻》，苏瑞·普赖特编，1989年网络版，另见http: //www.bartleby.com/73/754.html。

对这一问题感到十分头痛。虽然从英王乔治三世手里争来了自由,但他们也深知统治者过度强势会带来风险,并相信限制政府的权力对自由共和体制十分关键。詹姆斯·麦迪逊在其《联邦党人文集》中很好地总结了他们面临的两难境地:"最大的困难在于,你必须首先让政府能够控制要统治的国家,其次就是迫使政府控制住自己。"①

美国人认为自己是自由之人,与大多数国家相比我们的确是自由的。但在我们经济社会的一些关键领域,政府已经跨过了詹姆斯·麦迪逊划定的那条边界。米尔顿·弗里德曼曾列举了限制我们自由的一些规定:

> 你不能以你和你的雇主之间商定的条件自由地加班,除非这些条件与政府官方制定的法规与规章相一致。
>
> 你不能自由地开立银行,不能自由地进入出租车领域或者进入出售电力或电话服务的领域,不能自由地运营一家铁路、公交或者航空公司,除非事先获得政府的官方批准。②

不幸的是,我们还可以给弗里德曼的清单增加许多内容,以下是一些例子。

1. **教育**。人们很少认为国家的公立学校体系是强迫性的。一名俄亥俄州的母亲凯莉·威廉 - 保拉发现情况并非人们所想象的那样。保拉伪造了自己的住址以让其女儿进入另一个校区的一家更好的学校。她最后被判入狱 9 天。③ 保拉的遭遇是许许多多被政府的垄断教育体系和学校耽误了

---

① 詹姆斯·麦迪逊:"政府的架构必须设置不同部门之间适当的检查与平衡",载《联邦党人文集》第 51 号,1788 年 2 月 6 日。
② 米尔顿·弗里德曼:《自由选择:个人的声明》(奥兰多,佛罗里达:霍敦·米弗林·哈考特,1990 年版)。
③ 提摩西·威廉姆斯:"因为女儿转学区而入狱",《纽约时报》,2011 年 9 月 26 日,另见 http://www.nytimes.com/2011/09/27/us/jailed-for-switching-her-daughters-school-district.html。

自己子女前程的家长们的共同遭遇。他们加入择校的运动之中，推动了特许学校、教育券以及其他形式的改革，以改善教育质量，给教育市场引入竞争机制。

2. *医疗*。我们已在第 1 章中讨论过，在涉及医疗事务时，人们也缺乏自由。

从 2014 年开始，除非《奥巴马医改法案》取消，否则该法案中的有一项法令要求人们必须拥有保险。虽然这已通过了最高法院的裁决，但这仍然是一种惊人的胁迫行为，迫使美国人民购买他们可能不需要或不想要的产品。这也是一种前所未闻的侵犯人权的行为。大法官安东尼·肯尼迪在口头辩论中回应几名同僚的保留意见时说，该法案迫使人们购买医疗保险"是以一种意义深远的方式威胁改变政府与个人之间的关系"。①

北佛罗里达州的联邦法官罗杰·文森在 2011 年判定该法案违宪时说："国会从未有过要求人们购买一款私营企业的产品的情况（实际上是寿险产品），**以便能够活着并居住在美国。**"②

很不幸，这一单项法案只是大量过分法规的开始而已。这项长达 2 700 页的法案让大政府对医疗的命令与控制达到了一个骇人的新高度。著名医疗政策分析师和前纽约州副州长贝齐·麦考伊（Betsy McCaughey）是读过该法案全文的少数几个人之一。她指出，这是政府首次对那些联邦医疗补助及医疗保险的政府计划所覆盖的人群之外的在私营部门投保的病人拥有绝对的控制权。③

---

① 比尔·米厄斯："最高法院因医疗法案而分裂"，CNN.com，2012 年 3 月 27 日，另见 http：//www.cnn.com/2012/03/27/justice/scotus – health – care/index. html。
② 佛罗里达州诉美国卫生与公众服务部，案例编号为 3：10 – cv – 91 – RV/EM（佛罗里达州北区，2011 年 1 月 31 日）。
③ 贝齐·麦考伊："奥巴马医改如何摧毁人们的隐私"，载《纽约邮报》，2011 年 6 月 15 日，另见 http：//www.nypost.com/p/news/opinion/opedcolumnists/how_ obamacare_ destroys_ your_ privacy_ zltwZSGoI661FeB1iC5POI。

麦考尹对《奥巴马医改法案》对人们隐私的侵犯深感烦忧。医改法案要求建立一个全国性的电子数据库,以掌握人们的医疗记录与历史情况,无论谁或谁的医生是否愿意参与(不愿参与的医生和医院将受惩罚)。法案要求医生记入人们前来就诊的详情,并在有关政府认为何为"成本有效性"和"合适的治疗"方面接受联邦政府指导。麦考尹在她的网站上写道:"最后医生会被迫在对病人最好的医疗方式和免于政府处罚的方式之间进行选择。"①

数据库也会让人们的医疗信息"被一群让人担心的陌生人拿到,包括政府的雇员以及各医疗人员"。当互联网站出售客户的偏好给营销人员时,人们常常愤怒于这些隐私被侵犯的行为。令人惊讶的是,对于奥巴马的全国数据库可能造成更大的滥用和侵犯,却很少有人站出来反对。

3. 你的钱你能留多少。是的,我们需要征税以作为政府的开支。但民众的收入和工资税只是刚刚开始,人们要不停地缴纳税款。据统计,大政府对美国人民征收总计超过50项的税:

应收账款税
建筑许可税
资本利得税
烟草税
商业驾照税
公司所得税
法庭罚款(间接税)
养狗执照税
联邦所得税

---

① 贝齐·麦考伊:"对医生的影响",载《保卫你的医疗》;另见 http://craftcampaigns.com/dyh/obama – health – law – 101/impact – on – your – doctor/#。

联邦失业税

钓鱼许可税

食品执照税

燃料许可税

汽油税

赠与税

狩猎许可税

遗产税

库存税

国税局利息税（税上加税）

国税局罚款（税上加税）

酒税

地方所得税

奢侈品税

结婚登记税

医疗保险税

薪资税

财产税

不动产税

休闲车税

公路收费站税

公路使用税（卡车）

销售税

学校税

排污许可税

服务税

社会保险税

州所得税

州失业税

联邦、州及地方电话附加税

联邦电话消费税

联邦电话普遍服务费税

联邦电话最小使用附加费税

电话经常性和非经常性收费税

电话州及地方税

电话使用税

收费桥梁税

收费隧道税

交通罚款（间接税）

拖车登记税

公共事业税

车辆许可登记税

车辆销售税

船舶登记税

水井许可税

工人薪金税①

虽然每个人都不会缴纳所有这些税，但我们会缴纳其中的许多税。而实际上还一直在出现新的税种，如《奥巴马医改法案》中的17项新税，也包括一项会抬升保险成本的个人强迫令。根据无党派的研究组织——税务基金会的研究，普通美国人要工作四个月才能达到"税务自由日"。这是人们挣到足够的收入可以支付所有的州、联邦及地方税的那一天。自此人们

---

① 改编自乔治·安伯格："远离自由的征税之路"，LewRockwell.com，2005年1月15日，另见http://www.lewrockwell.com/orig6/amberg1.html。

才不再是大政府的欠债奴仆。那些生活在高税州的人，如纽约州和康涅狄格州的人，很不幸还要多工作几个星期。

人们被迫支付这些税款的方式更显大政府的强制性。大政府通过你的雇主，将手伸进你的口袋，直接从你的工资单上拿走"预扣税"，你甚至根本见不着这笔钱。

我们把预扣税的操作当作一项古老的信条来接受。实际上，这是相当近期的一种制度发展，它源于二战后政府机构的扩张。1943 年的《当期付税法案》制定了预扣税制以提升政府的现金流和助益战争的开支。在此之前，人们在 3 月 15 日一笔付清各种税款，比当前的做法早了一个月。

自由主义者如众议院议员朗·保罗，商人及备受尊敬的自由市场倡导者卢·莱尔曼，前众议院多数党领袖迪克·阿梅等，批评了预扣税制度，因为它使人们对政府究竟从自己收入里拿走了多少钱浑然不觉。大政府可以悄悄地从纳税人那里掏钱，而后者几乎感觉不到，这样纳税人也就不太可能去反对华盛顿的增税需求。

好像这些税制的强制作用还不够强，它们常被用于"社会工程"项目——强迫人们自觉服从政客的利益。如果谁使用绿色技术谁就能获得积分，或者谁要消费烟草及含糖汽水谁就要纳税。如果人们不买这些课税的物品，就能避开这些"罪行税"。这些税实际上会产生意想不到的不良后果。以烟草税为例，这会导致烟草黑市，并吸引犯罪分子从事走私与盗窃活动。不论被课税的"罪行对象"是烟草、酒精还是甜苏打，批评者均质疑政府从非鼓励性商品中牟利的道德性。用阿克顿研究所自由市场拥护者莱弗伦德·罗伯特·西里柯的话说，这种课税行为让政府处于一种"既特殊又矛盾的地位，一方面想通过课税劝阻某些行为，另一方面却以这些活动的延续作为一种收入来源"。①

---

① 莱弗伦德·罗伯特·西里柯："罪行税的疯狂：谁是下一个？"载《阿克顿评论》，2004 年 4 月 27 日，另见 http://www.acton.org/pub/commentary/2004/04/28/sin-tax-craze-whos-next。

4. 你的钱价值几何。在我们的"法币"体系中，美元的价值以美联储政策为基础发生波动，这也是一种大政府的胁迫行为。在开放的市场中，买卖双方会在某一价格水平上自愿达成一桩交易。但政府通过操纵货币的价值，可以随意地改变人们所达成的协议的真实价值。从理查德·尼克松1970年代放弃金本位后就一直是这样。

货币的目的就是让双方的交易达成更加便捷。在货币出现之前，交易只能以麻烦的以货易货的方式进行。发明出币值稳定的货币后，商业活动得以大幅度扩张，不仅贸易活动受益，而且也使投资成为可能。因此，货币也成为价值恒定的计量方式，如同60分钟为1小时或者16盎司为1磅。试想一下，如果每个小时的分钟数每天都在变，或者每个州都有自己的货币，生活该有多麻烦，做任何事都会变得无比复杂与困难。货币在价值波动时也是如此。

在美国历史的大部分时间里美元的价值固定于一定量的黄金。为什么是黄金？因为黄金的内在价值很难改变。从1930—1971年，美元价值设定于1盎司黄金的1/35，并且不像现在这样每天都波动。商品价格只由市场需求决定——某人和经济体中成百万的其他人一样，用美元进行投票来决定物品的价值。但是现在这些内在的市场价值机制由于美元的波动而遭到破坏并变得更复杂。

2008年金融危机之后，美联储即开始了这种货币胁迫，其间中央银行降低了利率，并通过"量化宽松"政策向经济体注入货币，从主要金融机构购买金融资产——债券。大政府的倡导者更喜欢当前美元价值波动的体系，因为这让政策制定者们可以"引导"经济发展。但大多数人都对货币政策的高度技术化不太满意。尽管当大政府的"智囊们"如美联储主席本·伯南克及其前任艾伦·格林斯潘坚持认为这种操作"有益于"我们时，人们很少质疑，但这实际上极其有害。在通货膨胀的1970年代，石油价格由每桶3美元暴涨至40美元。而里根以紧缩货币终结通货膨胀后，油价暴跌，最低到10美元以下。从1980年代中期上溯至上个世纪的早期，油价平均在略高于每桶 21 美元的位置。自从美联储开始再次转动印钞机后，看看发生了什么？石油公司大赚特赚，而其他很多公司则承担了巨大损失。

当政府让货币贬值时，人们本能地想要保护其资金的价值。人为造成的货币高水位流入像石油那样的大宗商品和像住宅那样的硬资产。没有美联储多创造出来的货币，不动产泡沫可能永远也不会产生。

5. 你的食物。大政府的作为，不论是在联邦还是在州的层面，无论是查禁反式脂肪酸还是对含糖饮料征收减肥限制税，以及禁止校园里销售碳酸饮料，政府正不断地教导人们应该吃什么，也让人们更难吃到他们想吃的东西。在北卡罗来纳州，未烹饪的生汉堡是非法的，① 汉堡甚至也不能是半熟的。如果某人点了一个汉堡，就必须是一个在华氏 155 度下烹饪过的，否则店主将会遭到健康评级上降级的处罚，而该评级是要张贴在所有食品机构的橱窗上的。餐馆即使努力取悦于客人或保持店面超级清洁，也有可能因评级问题而失去客户或者被撤销营业执照。北卡罗来纳州不是唯一一个对生汉堡及其他未充分烹饪的食品宣战的州。马萨诸塞等州也要求餐馆张贴对未充分烹饪的鸡蛋与肉类的健康警示。结果，有些食品商店就不再供应此类食品了。2012 年，政府的"食品保姆们"开始要求搞一场针对食糖的全国性运动，虽然食糖已是大家吃了上百年的生活必需品，但这意味着食糖也要被监管了。

如此深入地侵入我们的生活，真的是政府的必要职责吗？人们通过媒体、互联网以及自身和亲朋好友的经验已经了解太多肥胖和食用半生食品的危害了。无疑，我们每个人的妈妈都已经参与到说教的队列里了。有理解力的个人难道不能决定他们是否可以偶尔享用一下生汉堡、嫩煎荷包蛋或者寿司的美味吗？

---

① 凯思琳·普尔维斯："不，你还不能要生汉堡"，Charlotte Observer.com，2011 年 4 月 13 日，另见 http：//www.charlotteobserver.com/2011/04/13/2218811/no - you - cant - order - a - rare - burger.html#storylink = cpy。

我们真的需要政府的"食品保姆们"来保护我们吗？那些来到美国边疆殖民的拓荒者们并没有得到州政府健康部门的警告或有关他们吃的鹿肉有多少卡路里的信息，不也活下来了吗？

在北卡罗来纳州，政府午餐检察官——是的，这个州真有这样一些职位——最近没收并处理了一名4岁儿童的母亲为其准备的校园午餐。为什么？该食品——家庭自制的火鸡三明治、香蕉、薯条和苹果汁——违反了联邦营养准则。然后，这个孩子被要求食用主要为鸡块的学校午餐。① 很明显，这些食物之争好像不是出于营养学的原因，而更像是出于州政府官员自肥的动机。

这种琐碎的小事情无休止地在发生。在乔治亚州、艾奥瓦州、威斯康星州和得克萨斯州，各种柠檬小摊因为没有食品商贩的许可而被禁止或者被警察取缔。《国家评论》编辑里奇·劳尔瑞报道了在乔治亚州一个小镇发生的事情：

当地警察局长解释了她为何必须保护公众不去购买被称为"柠檬水"的不明物质的非授权售卖品的原因："我们不知道这些柠檬水是如何制作、谁制造了它们以及柠檬水是做什么用的。"②

这是公开跨越荒谬的边界，更不是有理智的政府所为了。罗纳德·里根有一句名言："政府的存在是要保护我们不受其他人的侵扰，而政府如果决定保护我们不受我们自己的侵害，那就过界了。"劳尔瑞给出了他自己的经验规则："当孩子哭了的时候就是了。"

---

① 朱丽·甘洛克："午餐纳粹在进攻"，载《纽约邮报》，2012年2月15日，另见 http://www.nypost.com/p/news/opinion/opedcolumnists/lunch_nazis_on_the_attack_tGyUoxc3mKetWmBpZz41rN。
② 里奇·劳尔瑞："对柠檬的战争"，载《国家评论》，2011年8月5日，另见 http://www.nationalreview.com/articles/273739/war-lemonade-rich-lowry。

大政府的胁迫性"治疗"常常比疾病本身还糟糕

这里有一则故事：数十年前，纽约城引入租金控制规定，以终结"贪婪的土地主"索要高昂的租金，以给住宅市场带来"公平"。然后呢？价格管制使住宅的业主难以获得资本以维护住宅和建筑新的住宅，供给萎缩。有吸引力的公寓变得非常稀缺，纽约人常常必须支付"钥匙钱"——贿赂——才能抢到一套公寓。这之后管制略有放松但并未完全取消。曼哈顿地区的平均租金已接近每月 3 500 美元。找到一套新公寓，特别是对于年轻人而言势比登天。这何来公平呢？

这就是大政府过度胁迫的管制与课税带来的典型案例。这种管制不会产生"公平"，而是造成了更糟糕的非预期结果：非但问题没有解决，人们还丧失了自己的自由。

另一个例子是，现在这场备受贬斥的医疗危机，并不是由自由市场造成的混乱，而是由之前政府的监管与指令造成的无序。即便是在当下，也很少有人真正会对医疗领域成为经济体中监管最重的行业之一而感到欣慰。

在前一个十年里，纷繁复杂的法规常常裁定保险公司必须承保怎样的风险，这让保险公司逃离了不少州。根据凯泽家族基金会的数据，1999—2009 年间家庭保单成本平均跳升了 131%。[①]

《奥巴马医改法案》更加深了这些州级法规所造成的危害。医改法案对联邦医疗保险的削减意味着今后政府对药物和医疗价格更加严厉的管制，而政府医疗保险不能赔付的成本也就更多地要转向私营保险。

法案通过之后，美国人民立即感觉到了这个灾难性政策的痛楚。保费剧增，大约 200 种癌症药品被报处于缺货状态，等待治疗的时间也更长了。手足无措的医生们正在放弃他们的职业。到 2025 年，预计将有 150 000 名医生的

---

① "雇主健康利益：2009 年情况总结"，凯泽家族基金会，另见 http：//ehbs. kff. org/pdf/2009/7937. pdf。

缺口。① 对医疗设备制造商征税将会降低可能投入医疗体系里的新发明。

政府拥有庞大的征税、监管以及印刷上万亿美元钞票的能力，批评家们谴责资本主义的贪婪与残酷的同时没有看到市场运行已在多大程度上受到了政府的影响。政府这种过分的胁迫行为对经济造成了深刻的伤害，这种伤害在近期最痛苦的表现就是出现房地产泡沫和金融危机。30年"普及住房"的政策以"公平"的名义大力推行，但最终却造成了高风险的借贷文化，进而导致灾难性的后果。

从1970年代后期开始，随着《社区再投资法案》（Community Reinvestment Act）的通过，有一种声音认为对低收入人群的贷款被"不公平地"否决了。银行要开设新的分行或者实施兼并收购，必须表现出银行将为普及住房政策而努力，给无论是在低收入地区还是中等收入地区的购房者提供贷款。在比尔·克林顿的任期，法规变得更加严厉。各家银行为遵守《社区再投资法案》，必须将其贷款的一定百分比贷给低收入或者中等收入的借款人。

美联储在2000年早期实施了低利率的货币政策，打压了美元的币值，并力图支撑美国经济的复苏。但这些政策掀起了按揭贷款的狂潮。房利美和房地美这两家由政府创建的按揭大佬，在乔治·布什年代里购买了上千亿美元的次级贷款。国际银行监管机构也鼓励这种过头的行为，让银行可以为按揭证券的可能损失提取比商业贷款低得多的准备金。

这种信贷标准的放宽让数百万不符合资格的借款人拿到了按揭贷款，最终造成了一场违约风暴。违约风暴导致的震荡波让美国金融体系以及全球金融市场几近崩溃，至今尚未恢复。

"拯救"地球的非预期后果

不同于包括奥巴马总统在内的政治家的宣言，相信合理政府的人们想得

---

① 苏珊妮·萨塔林和雪莉·王："医学院跟不上了"，载《华尔街日报》，2010年4月12日，另见 http://online.wsj.com/article/SB100？01424052702304506904575180331528424238.html。

到干净的空气和干净的水。问题在于，某些环保法规的胁迫性可能更加极端，以至于根本行不通。以"限制加交易"计划为例，实施该计划的主要后果是造成了能源价格的上扬，各家公司被迫购买和交易排放许可———一种光鲜化了的税收。即使环保主义者也承认，这些计划已经失败。[1] 专家也对某些效率管制能否达到真正节约能源的目的表示怀疑。这是因为出现了一种"能源反弹效应"。那些拥有节能车而相信自己节约了能源的人，可能开车会更加频繁；或者他们会购买更大的空调，因为高效能空调不能给房间提供足够的冷气。《纽约时报》专栏作家约翰·提厄尼写道："在某些情况下，综合的结果可能成为'回火'，对比能源效率提升之前的情况，能源消耗更大了。"[2]

消费者使用了那些价格不菲的节能洗衣机，情况又如何呢？由于新的节能规范，当今的新型洗衣机会比十年前的机型少用热水。但一份《消费者报道》的研究发现，在很多情况下，洗衣机让衣物"像丢进去之前一样脏"。[3] 这种情况下的合理反应如何呢？去他的节能吧，丢回去重洗。

那些"低流量"的马桶想要节约水的消耗，但效果也不是特别好。有环保意识的旧金山修改了建筑标准，强制要求安装节水马桶。这一举措或许节约了水，但也造成了一个非常直接的环境灾难：由于马桶用水量减少，没有足够的水冲刷排水管道，使人们的排泄物沾黏在排水系统里。在炎热的夏季，某些地区的居民抱怨闻到臭鸡蛋般的恶臭味。这使得旧金山花费了 1 亿美元重新升级改造排水系统。而当这一项目也失败时，该市政当局转而采取另一方案——漂白。他们投资了 1 400 万美元，以三年的时间将漂白剂注入排水系统。这引起了环保主义者的强烈反对，认为对环境造成了不可逆转

---

[1] 乔·罗姆："为何环境保护主义者追求'限制加交易'？一定要采取这一策略吗？"Think Progress. com, 2011 年 4 月 21 日, 另见 http：//thinkprogress. org/climate/2011/04/21/207932/cap – and – trade – doomed/。

[2] 约翰·提厄尼："研究结果：何时能源效率将玷污环境？"载《纽约时报》，2011 年 3 月 8 日，另见 http：//query. nytimes. com/gst/fullpage. html? res = 9C03E6DD1E3FF93BA35750 C0A9679D8B63&pagewanted = all。

[3] "洗衣机购买指南"，载《消费者报道》，2011 年 1 月, 另见 http：//www. consume rre- ports. org/cro/washing – machines/buying – guide. html? pn = 0。

的破坏，比如漂白剂会产生有毒的氯气，而且向旧金山湾排放可能致癌的有毒物质。①

另一个有害的胁迫行为：具有高度争议的布什政府立法，要求美国人放弃使用了130年之久的白炽灯，让位于更加节能但昂贵的替代品种，其中就有紧凑型荧光灯。该产品在自由市场机制下已经失去了客户，因为一盏灯要花50美元，而且灯里有水银，一旦你打碎了一盏紧凑型荧光灯（上百万盏灯的不可避免的结局），它会需要"大约一个超级基金（Superfund）来清理"，斯克瑞普·霍华德（Scripps Howard）专栏作家及《国家评论》投稿人德罗伊·默多克这样写道。②

自由市场研究机构——竞争性企业协会（Competitive Enterprise Institute，CEI）的山姆·卡兹曼基于这些政府政策失败的案例，将大政府的效率管理称为"政客们推行的自我感觉良好的准则"，"如果这些项目的技术水平足够好，也就没必要以法律的方式将这些东西强加给我们"。③

政府的美国运输安全局模式

美国运输安全局可能是大政府对待过度胁迫政策的一种标志性存在。对航空旅客进行扫描的工作原本由私营企业按照与航空公司及机场签署的合约进行操作。"9·11"悲剧发生后，美国运输安全局作为美国国土安全部的一个分支得以成立。非常幸运的是，"9·11"悲剧没有重演。但该机

---

① 菲利普·马蒂尔和安德鲁·罗斯："节水马桶在旧金山造成恶臭"，载《旧金山新闻》，2011年2月28日，另见 http：//www.sfgate.com/cgibin/article.cgif=/c/a/2011/02/27/BAVP1HUSUD.DTL#ixzz1vABOKpfS。
② 德罗伊·默多克："当自由摇摆不定时，所有美国人的电灯都暗淡了"，载《国家评论》，2010年7月2日，另见 http：//www.nationalreview.com/articles/243383/all-a-merican-light-bulb-dims-freedom-flickers-deroy-murdock? pg=1。
③ 引自约翰·提厄尼："研究结果：何时能源效率将玷污环境？"载《纽约时报》，2011年3月8日，另见 http：//query.nytimes.com/gst/fullpage.html? res=9C03E6DD1E3FF 93BA35750 C0A9679D8B63&pagewanted=all。

构奉行的侵害式保安技术和对旅客的粗暴的处理方式受到几乎所有人的批评。

这个星球的每一位旅客都不喜欢美国运输安全局的长时间的搜身和能透视衣物的毫米波扫描仪。不断有媒体曝光过度骚扰的搜身和该机构安全扫描仪不当使用的情况。上年纪的人和带有医疗仪器的人通常是被骚扰的对象。一名膀胱癌患者被搜身者拍坏他的尿路道口，尿液浸湿了全身。理智基金会（Reason Foundation）专家罗伯特·普尔解释道，美国运输安全局"一刀切"的检查政策正是其官僚机构集中化的重要表现。该机构不对个别机场负责，而是直接报告华盛顿。它没有动机去针对个别机场的真正风险设计安保体系。[1]

而政策辩护者却坚持认为，这么大力度的措施对保护美国人的安全是有必要的。但美国运输安全局的方法也不是全然有效。根据国会质询的情况，2001年以来美国机场曾出现过25 000例违反安全要求的例子。

如果一家私营企业像美国运输安全局那样对待客户，那么在美国民主资本主义以客户为中心的自由市场上，它不可能存活太久。许多安保专家相信，应对现今真正的安全威胁，也还存在着更加有效但同时侵害程度低一些的方法。

人们对美国运输安全局愤恨难平，因为对大多数人来说，对他们的侵害已经达到了临界点。毫米波扫描仪和搜身都违反了个人隐私权，就像奥巴马医改的医疗数据库一样。因为医疗数据库的建立就会让人们原本私密的病历情况开放给那些不必要知道的人。美国运输安全局僵硬、自上而下的方法，对轮椅上的老妇人的扫描，与大政府禁止反式脂肪酸以及财产没收等控制行为一样缺乏基本的常识。该机构居高临下、强势的胁迫行为昭示出大政府若接管了经济体的其他方面，必然会强加法规、漠视个体的需求与意愿的倾向。

---

[1] 罗伯特·普尔："不要将航空安全联邦化"，理智基金会，2001年10月24日，另见 http：//reason.org/news/show/dont-federalize-airport-securi。

胁迫蔓延： 过度侵害的隐蔽扩散

政府规模越大，就有越多的官僚机构寻求扩大其权力。"帕金森定律"也适用于胁迫的情况：最初版本的美国宪法篇幅只有 4 页 4 400 字。对比 2 700 页 50 万字的医改法案，即使是其支持者也觉得太冗长，还有长达 2 300 页的《多德—弗兰克华尔街改革与保护法案》。法律专家及改革者菲利普·霍华德写道："'几十年积累下来的法律'已给我们带来'超过 1 亿字的成文法律与规章'。"①

每一项法规、规章或者一种官僚体制都可以对公民基本权利造成许多难以预料的危害。当奥巴马政府宣布其医疗法案将迫使雇主及天主教堂违反其信仰为包含避孕在内的各种活动提供保险时，信仰各种宗教的美国人都被激怒了。

天主教协会主席提摩西·杜兰表达了整个天主教会的深深的震惊："联邦政府历史上从未有过迫使个人与机构到市场上购买一种违反他们道德观的产品。这绝不应该发生在一个宗教权利位列人权法案之首的国家。"②

这种对待天主教会的高压政策仅仅是确认了奥巴马医改反对者的担心。许多人从一开始就预测，该法案的胁迫性会延伸到医疗领域之外。这种权力的过度延伸是如今庞大立法体系的典型表现，明白地赋予官僚机构近乎无限制的权力。2010 年签署生效的《多德—弗兰克华尔街改革与保护法案》即是这方面的杰作。拥护法案的人声称该法案所谓的改革是必要的，能够防止人们遭受不负责任的公司的盘剥，并防止类似 2007—2009 年金融

---

① 菲利普·霍华德："太多法律将扼杀美国"，CNN，2010 年 2 月 22 日，另见 http://articles.cnn.com/2010-02-22/opinion/howard.too.much.law_1_health-care-entitlements-partisanship_s=PM：OPINION。

② 劳瑞·古德斯腾："指令的教堂之争已就绪"，《纽约时报》，2012 年 2 月 10 日。

危机的再度发生。但我们已经有了法律保护人们不受欺诈的侵害。《多德—弗兰克华尔街改革与保护法案》对由政府设立的畸形机构（房利美和房地美）所造成的按揭市场的巨大扭曲完全不作为。

该法案所做的就是成立官僚机构，如成立金融稳定监督委员会（Financial Stability Oversight Council），并赋予其"识别并响应金融体系出现的风险"的职责。而"系统性风险"由何构成却从未言明。政府说"就是"——一定是每天都会变的。

上述法案的另一个创造就是设立消费者金融保护局，其职能为保护消费者免受金融企业"不公平、欺诈或滥用"行为之害。① 实际上，这可以解释为任何事情。美国传统基金会的詹姆斯·加图索指出，"'滥用'是一个特别开放的词，之前从未在法律条文中加以定义"。②

含糊不清实际上正是2 300页的《多德—弗兰克华尔街改革与保护法案》的特点。遗憾的是，这并非偶然。有待解释的法规给予官僚机构更大的权力，给政治动机的强制执行、不公平以及滥用打开了方便之门。

悄然进行的胁迫也表现在征税上，正如社会活动家格罗弗·诺奎斯特所指出的那样，臭名昭著的"最低选择税"（AMT）在1969年开征时只适用于富人，但到了2012年，该税则影响了大约400万个家庭。2013年，该税则将波及2 700多万个家庭。在大政府的胁迫世界里，称之为"散财"。不幸的是，大多数人最后都变穷了。③

---

① 《多德—弗兰克华尔街改革与保护法案》概要，另见http://banking.senate.gov/public/_files/070110_Dodd_Frank_Wall_Street_Reform_comprehensive_summary_Final.pdf。
② 詹姆斯·加图索："新消费者局将在没有任何约束的情况下运行"，载《传统基金会评论》，2011年4月12日，另见http://www.heritage.org/research/commentary/2011/04/new-consumer-bureau-will-run-free-of-any-leash。
③ 格罗弗·诺奎斯特："涓滴税"，载《华尔街日报》，2012年4月17日，A15版，另见http://online.wsj.com/article/SB1000142?405270230429930457734761 0737753148.html。

不必担责的代理人

与《多德—弗兰克华尔街改革与保护法案》类似，奥巴马政府的新医改法案创立了若干医疗机构，如委员会、顾问团和工作小组等，其目标及权利均未清晰界定。

当今许多大政府纷繁复杂的法律条文不是像宪法规定的那样，由人民选举的代表所制定。这些法律条文是由政府的官僚机构或者执行机构制定并强加的，如环保局、联邦贸易委员会、联邦通信委员会等。这些机构基本上是不对任何人负责的。

官僚机构的发号施令，产生了无数的法律法规。《美国联邦法案》在1970年长达5 400页，今天已达165 000页。如果你想收藏一套全版的法律法规合订本，你必须要有27英尺的书架空间。[1]

像《奥巴马医改法案》和《多德—弗兰克华尔街改革与保护法案》等已经不是在保护人们，而是在制造不确定性和巨大的合规成本，进而阻碍经济的发展。每一部法案都意味着有几千页的新法律条文会在未来若干年逐步发布。

全副武装且十分危险

这种悄然强化的胁迫还有更加糟糕的一面。违反法律法规越来越被认为是一种犯罪行为，联邦机构不断地付诸武力进行应对。

2009年，一些美国鱼类及野生动物署的武装人员聚集于吉布森吉他厂——总部设在纳什维尔的有百年历史的乐器制造商。武装人员找到了红木和乌木，这些都是政府认为非法进口的木料。但该公司声称是通过合法

---

[1] 路易斯·拉德诺夫斯基，盖瑞·菲尔兹和约翰·艾什威勒："联邦警察警衔膨胀，以执行不断扩展的刑法"，载《华尔街日报》，2011年12月17日。

的方式获得的，而之前也没有针对吉布森吉他厂的诉状。这不是一桩孤立的案件。带枪的武装人员对完全没有意识到违反法律的商人进行突袭，这种情况并非鲜见。

除了传统的司法执行队伍之外，还有大约13.8万名官员在为联邦机构工作。调查员的数量正急剧增加。来自司法部、财政部和国土安全局之外的司法诉讼自1990年代中期以来增长了大约50%。①

经济学家及前里根政府时期的官员保罗·克莱格·罗伯茨及其著作合著者劳伦斯·斯特里顿说，过于热情的公诉人正不断地对传统上不具备犯罪动机的个人提起刑事诉讼。两位作家在其著作《良愿暴政：公诉人及执法人如何以正义之名践踏宪法》中引述了许多案例。②

倡导自由市场的人士常常提起大卫·麦克纳布的悲剧案例。大卫是一名捕龙虾的渔夫，他家从事这一行业已有数代之久。国家海洋渔业署根据一份匿名传真没收了他的船和7万磅龙虾。起诉他的罪状是：捕捞的多刺龙虾个头不够大，违反了《野生动物和渔业法》。麦克纳布的龙虾捕自洪都拉斯附近的加勒比海域，这对美国基本不产生影响。但最终司法机构还是依据吉布森吉他案件里一样的《雷斯法案》（Lacey Act）起诉了麦克纳布、两名顾客和一位分销商。该法案禁止以违反地方、国内法律及规章的任何方式捕获任何野生动物，不仅是美国的法律，而且是任何国家的法律。审判期间，洪都拉斯政府试图干预并声称麦克纳布没有犯罪。最终，麦克纳布在监狱待了8年，他的合伙人则被判了10年。③

每个人都想保护环境和濒危物种。但这意味着我们应使用对付大多数暴力罪犯一样的方式去对待那些被怀疑违反这些法规的疑犯吗？何况对于

---

① 路易斯·拉德诺夫斯基，盖瑞·菲尔兹和约翰·艾什威勒："联邦警察警衔膨胀，以执行不断扩展的刑法"，载《华尔街日报》，2011年12月17日。
② 保罗·克莱格·罗伯茨和劳伦斯·斯特里顿：《良愿暴政：公诉人及执法人如何以正义之名践踏宪法》（纽约：三江出版社，2008年），第11页。
③ 保罗·罗森茨威格和布莱恩·沃尔什：《拘捕下的国家：疯狂法律、流氓公诉人和激进的法官如何威胁你的自由》（华盛顿特区：传统基金会，2010年）。

这些疑犯而言，有时仅仅是他们一些不自觉的行为而已。

不仅是一些小地方的联邦机构正变得张狂，更让人们感到紧张的另一趋势是强迫无辜第三方接受的资产罚没的情况也逐渐增多了。执法者很早即已拥有对于由犯罪活动所获得的资产进行罚没的权力。但进入1990年代以来，对资产罚没的实施措施如此激进，令人非常不安。2010年联邦政府罚没了大约25亿美元的汽车、船和现金，两倍于2005年的量。①

在联邦政府调查一家运钞车公司的过程中，詹姆斯·列托被罚没了39.2万美元现金。列托并非任何罪行的嫌犯，只是他恰好雇用了联邦政府正在调查的运钞车公司为他提供的支票兑现服务而已。②

在经过努力争取之后，最后他拿回了属于自己的所有的钱。但并非每个人都能这么幸运。这家运钞车公司的其他无辜客户被当作欺诈行为的受害者，这些人常常只能拿回1美元中的20美分。《华尔街日报》指出，帮助联邦政府处理这些犯罪案件的州执法机构获准占有这些资金的80%。因此，有关机构对归还你的钱存在反向激励——即使你从未做过任何错事。这些罚没资产的本意——就像前文中美国运输安全局的搜查一样——可能是通过强制执法保护公众的利益。但政府变得如此庞大和官僚，最终的结果常常是美国运输安全局式的对个人利益的漠视。

支持由大政府进行控制的立法者很少想到这些政府机构干预个人生活自由的巨大潜能。由于我国的民主制度，一般的美国人认为大政府的权力，以罗伯茨和斯特里顿的话说，"是一种向好的力量，对其约束越少越好"。两位作者警告大家要再想想，"当选的代表不再制定法律时，自我治理就停止了。最后，不受约束的权力用列宁的话说就变成了'直接依赖于暴力的无限权力'"。

---

① 约翰·艾什威尔和盖瑞·菲尔兹："联邦资产罚没规模扩大，以有罪加诸无辜"，WSJ.com，2011年8月22日，另见 http：//online.wsj.com/article/SB10001424053111 19034 8090457651 2253265073870.html。

② 同①。

一个脑残的社会

大政府的过度胁迫可能并不表现为警察之国的特征。但大政府常导致作家及法学改革家菲利普·霍华德所讲的"常识之死"。太多的法规与监管让人们和企业失去独立决策的能力。他说,这种对个人责任与创意的扼杀,是社会的"一种逐渐发展的疾病,会将整个社会拖下水"。

真是太糟了,霍华德说,奥巴马政府没能实施其经济刺激政策中的部分措施。

> 例如,用于防风雨住宅的刺激资金去年没能花掉,是因为有一部1931年的法律,该法律要求保持工会薪资的高水平,于是要求在任何人开始修补窗户之前,必须派出一个团的联邦官员为三千多个不同的地区设定工资标准。不是开玩笑,联邦法律就是这么要求的。[1]

霍华德写道,在医疗领域的问题尤其突出。以他的话说,医生们"整天沉浸在法规里,他们很难运用基本常识去做他们认为对的事"。

> 官僚机构的补偿公式驱使医生们与医院以官僚机构给予补偿的原则做出医疗决策,而不管实际需要是什么。医生们常常违背理智决断的要求以避免官司纠纷,在保守性治疗的药物上浪费数十亿美元。普遍存在的对公正缺乏信任,让安全医院所需要的公开互动被冻结。上千桩悲剧的发生就是因为医生和护士们不愿意发声,特别是当他们感到有些不对劲的时候。"你肯定这个剂量对吗?"因为他们不能肯定,而且也不愿意承担法律上的责任,于是就干脆沉默。[2]

---

[1] 菲利普·霍华德:"太多法律充斥美国"。
[2] 同[1]。

霍华德提议，所有的新法规都应加上"落日"条款，即要求10到15年后自动失效。他说，如果用官僚机构的法规或者威胁要使用的法规驱动着每一项决策，那人们就永远也学不会承担责任和为他们自己着想了。

数不清的法规扼杀了常识。杰瑞，一名"被工会法规挑断脚筋的"政府办公室人员相信这些法规也压制了人们的精神。他为他的同事们"从不知道被当作一个个人或者一名专业人士的喜悦"而感到绝望。僵化的工会规则实际上决定了人们的每一个举动，却依然没有改善工作的条件。这些法规摧毁了任何个人创意的机会，从而让事情更加糟糕。"简而言之，"他写道，"它剥夺了我的自豪感。"[1]

大政府胁迫制造犯罪

法国经济学家及政治哲学家弗里德里克·巴师夏1948年写了一本书名叫《法律》的书，书中有这样一段话："当法律与道德互相矛盾时，公民必须面临残酷的选择：或者丢掉道德意识，或者丢掉对法律的尊敬。"[2] 大政府不是在鼓励道德与法治，而是制造了罪犯、腐化社会。

当大政府实施价格管制或者某些产品遭到禁止或强征重税时，人们就会发现由犯罪分子运营的黑市。经典的案例当然是1920年代的禁酒令，这激发了美国有组织犯罪的兴起。因为从事私货贩运，不少黑帮家庭变得有钱有势。政府的禁酒令给我们送来了阿尔·卡彭这样的暴力罪犯，他控制着许多领域的犯罪活动，包括敲诈、贩毒以及非法赌博等。

黑市在委内瑞拉和古巴是人们可以找到每天生活必需品的唯一场所。

在民主社会主义国家的瑞典存在的房屋租赁黑市，不会与因租金管制

---

[1] 杰瑞："工会永远也不会懂……"，Activistsandairplanes.com，以及电子邮件通信，另见 http://activistsandairplanes.com/2011/04/15/unions-will-never-understand/。
[2] 弗里德里克·巴师夏：《法律》（奥本，亚拉巴马州：路德维希·冯·米塞斯研究所，2007年），第7页。

而出现的纽约城房屋黑市有太大的区别。在斯德哥尔摩，租公寓的人要向地主付一大笔钱，以避免长长的排队等待和绕过租金管制法规。纽约州有一个不断扩张的香烟黑市，起因是政府税收过高，让一包香烟的价格高达 14 美元。

某些大政府法规制造出违法者的原因，是因为想要避免违法太困难了。在得克萨斯州，每一名新入行的电脑维修技术员都需要购买一张私家侦探的牌照。没错，**是一张私家侦探的牌照**。[①] 一个人必须有刑事司法领域的学位或者给一个有牌照的私家侦探当 3 年学徒才行。而更糟糕的是，如果一名普通公民让没有私家侦探牌照的电脑维修人员修理电脑，也会违反这项荒谬的法律的。违法者可被判罚金 4 000 美元和坐牢 1 年。

得克萨斯州的每一位电脑维修技术员都有时间和精力来遵守这项法律吗？而有多少人在修电脑时无意中违反了这项法律？麦克·莱福，一名电脑维修技术员代表得克萨斯的其他电脑维修员及客户发起诉讼，要求废除该法令，但最终以失败告终。他说，如果要守法，他就必须关掉业务去找一个私家侦探做 3 年学徒。

在华盛顿特区，在旅途中未持执照而"对任何人描述特区的任何地点和有意思的地方"，在监管机构看来都是非法的，违反者可能会被逮捕并可入狱长达 3 个月。导游托妮娅·爱德华兹和比尔·曼恩带团乘电瓶车参观首都的历史遗迹。他们的公司位于国家档案馆附近，即美国《权利法案》之所在。爱德华兹和曼恩在提供一项重要的服务，即给客人们讲述华盛顿特区在历史上的地位。事实上，他们在经济如此艰难之时找到这样的工作绝不容易。但华盛顿特区仍认定这两名导游和他们所在的企业是违法者。[②]

[①] 布莱恩·希特："得克萨斯个人电脑修理要求私家侦探执照"，《个人电脑》杂志 2008 年 6 月 30 日，另见 http://www.pcmag.com/article2/0,2817,2324217,00.asp。

[②] 罗伯特·麦克纳马拉："华盛顿特区的'无照讲解'问题"，载《华盛顿邮报》，2010 年 9 月 17 日，另见 http://voices.washingtonpost.com/local-opinions/2010/09/dcs_problem_with_describing_wi.html。

这两名导游依据《联邦第一修正案》，对特区的导游执照监管法令提出了挑战，认为这些监管是违背宪法的：政府不能要求人们为了讲话而申请执照。

古巴的奴役之路

关心大政府会对个人自由产生怎样威胁的美国人，可以从古巴的事例中获益良多。这个岛国为哈耶克《通往奴役之路》的书中观点提供了一个教科书案例。自从卡斯特罗1959年上台之后，超过百万的古巴人逃离了他严酷统治的国家，许多人乘坐木筏或干脆游过鲨鱼出没的水域来到美国。但古巴的做法最初还被评为动机善良。

起初，卡斯特罗被当作受压迫者的英雄。他的掌权被视为一种"公平"的胜利。政府事实上接管了整个经济体，实施薪资与物价控制，没收大型私人地产，在公众就业计划上投入资金创造就业岗位。他实施了胁迫性法律，强制征税，做了许多美国"左"派梦寐以求的事情。结果是这个国家财富的大规模转移，分派到最穷的40%的人口上，低收入人群获得了薪水更高的工作（用工合同重新谈判了），住房租金更低了。在1960年代，大约100万人被"赋予"工作。卡斯特罗政府制定了严格的价格管制，大幅度下调电力、汽油以及公共交通的价格。全国的房租大幅下降了50%。像教育、医疗甚至殡葬之类的社会服务也由政府免费提供。①

但是这种"公平"名义下的大规模胁迫行为最终扼杀了古巴的经济，让人们穷困不堪。许多曾经支持过卡斯特罗的人转而反对他们拥有超凡魅力的领袖。但古巴的大政府不容许有任何反对意见。不仅有上百万人出逃，而且专家估计至少有10万人死于该国体制。有上千人被卡斯特罗的行刑队枪决了，投入监狱的人就更不计其数。

---

① 阿格尼斯·维兹比基：《古巴黑市》，未出版，2005年秋，另见 www.photosbymartin.com/south_america/cuban_black_market.pdf。

古巴人生活在大政府的配额与价格管制形成的长期短缺与贫困之中。《华盛顿邮报》报道了普通百姓被迫每天冒着违法和蹲监狱的危险到穷乡僻壤的市场上购买基本食品以及非法的卫星天线等。

虽然古巴政府的用意是推行社会公平,但大政府最终将国民逼到悲惨的境地。

选择权的道德基础

对自由的要求是美国人所有经历的核心。自第一位殖民者抵达美洲海岸以来,各种文化及经历背景的数百万人来到这里寻求自由。著名历史学家弗里德里克·杰克逊·特纳描述了美国人"对自由的狂热与热爱"以及对财产的诉求如何驱使他们走向西部,并造就了一个新社会。这里"盛产个人主义"而"厌恶管制,特别是任何形式的直接管制"。[①] 他写道,边境生活的"最突出特征"就是"在社会流动之下的个体自由,而这一流动性社会的奋斗目标就是大众的自由与福利"。[②] 这些价值观"充实了美国人的民主,并将其与历史上的民主,特别是欧洲以立法形式创设的人为民主秩序形成鲜明的对比"。[③]

美国人曾因"厌恶管制"发生过许多起以"自由"为名的圣战,从奴隶制的废除到后来争取妇女权利的运动。美国民众验证了自己对激励他们行动自由的渴望。

各种背景与信仰的美国人本能地知道自由的好处,但为什么自由也还是道德的呢?

自由意味着自我决定,基于自己的需求与利益选择自己的方向。这意味着人们能够追寻自己的梦想与目标,无论这是发起和运营一家企业还是

[①] 弗里德里克·杰克逊·特纳:《美国历史上的边疆》(安娜堡,密歇根州:学术出版社,密歇根大学图书馆,2005 年)。
[②][③] 同[①]。

追求幸福,都没有干扰和压迫。自由意味着个人与自我拥有的自主权:你有权做自己的决定,因为你——而不是政府——拥有你自己。

乔治·里夫,约翰·威廉·波普中心教育提高政策的研究总监在《自由人》杂志上写道,对"自我主权"的信仰是所有人所共享的基本本能,"没有人,即使是最热心的中央集权论者也不愿意自己决定如何花钱和使用时间的权力被他人剥夺。大多数人都了解,将决策权转给他人就会让自己过得不好"。①

17世纪的政治哲学家约翰·洛克,其思想影响了建国的国父们,体现在《独立宣言》和《宪法》之中:"每个人都拥有自己的身体作为财产:这一财产除了他自己没有其他人还拥有任何权力。我们要说,他身体的劳动力、他双手的工作能力都是他自己的。"②

对个体尊重的理念深深根植于西方犹太-基督教的传统里。历史学家和贝勒大学教授罗德尼·斯塔克提醒说,有一段时间,这是一种相当激进的观念,"即使是希腊哲学家也没有和我们有关'个人'的观念完美对应的概念"。

> 于是,当柏拉图书写共和时,他的重点是城邦、城市,而非其公民,甚至他还谴责过私人财产。对比来看,正是个体公民成为基督教政治思想的焦点,于是也造就了之后的欧洲政治哲学家们(如霍布斯和洛克)的观念。这是相当革命性的事情,基督教徒强调个人主义在文化中是相当怪异的。"自由"也是一个不常在许多或者绝大多数人类文化中出现的概念,在大多数欧洲语言里,甚至找不到"自由"这一词。③

---

① 乔治·里夫:"什么让大政府如此糟糕?"载《自由人47》第12号,1997年12月,另见http://www.thefreemanonline.org/featured/whats-so-bad-about-big-government-anyway/。
② 约翰·洛克:《政府论》(下篇),第5章,第27节,检索自http://constitution.org/jl/2ndtr05.txt。
③ 罗德尼·斯塔克:《理性的胜利:基督教精神如何带来自由、资本主义和西方的成功》(纽约:兰登书屋,2005年),第23~24页。

集权论者知道自由与选择为人民之所欲。这就是为什么他们在大政府法规里引入"选择"这一理念的原因，例如《雇员自由选择法案》，该法案允许职场里在不进行无记名投票的情况下设立工会。这实际上不是给工人更多的选择，而是更少了。

这触及了激进主义的内在矛盾：声称支持个人权力、创造性和自由表达权力的大政府倡导者们，却常常支持践踏个人主义和个人选择的大政府政策与官僚机构。不仅在工作场所如此，在其他地方也一样。

自由如何提升良性行为

传统思想认为，没有大政府的管理，公开市场会堕落为鲁莽的任何人都能参与的场所。不对！经济自由的信仰者可能也没能察觉到自由市场为其自身利益而进行自我管理的能力。

在人人自愿参与的市场上，人们或者公司需待你足够好，你才会选择跟他们做生意；如果他们不是这样，你可以带着你的生意离开，或者寻找其他方式。

换句话说，**人们自由选择进入一个公开市场相互交换劳动成果，将会鼓励合作和符合道德的行为**。的确，有时候某一方可能会违反自愿交易的原则，例如，你可能买了一辆不能用的汽车。这就是为什么自由市场需要一套公平和公正的法律体系来执行合同条款和调停争端。

自由市场社会里的竞争与公开也有助于阻止权力的过分集中与"贪婪"。自由市场可以让新来者崛起并挑战主流机构。通过自由媒体之类的机构在公开市场的社会里传播信息流，给市场提供额外的审查与平衡。

历史上真正自由市场的案例展示了自我利益的自我监管力量。有些在没有政府干预的情况下已运行多年。情况如何？运行得很不错！

威廉·安德森，富洛斯特堡州立大学教授和米塞斯研究所学者回忆道："美国建国之后的大约一个世纪里，商业活动很少有或者根本没有政府的监管，特别是与现代的情形比较时。"①

19世纪的美国不是自我管理市场的唯一例子。在《货币、市场与主权》一书中，本·斯泰尔和曼努埃尔·海因兹写道，当今法典化的商法不是由立法者订立的，而是来自 lex mercatoria——"商法"——公元11世纪～12世纪自发形成的法典。该商法体系演化自去境外从事商业活动的商人所需要的共同规范的传统与实践。"即使是处于普通法体系之外，历史上也是由商业活动驱动了法律体系的成形化，而不是反过来。"②

商法在基本的财产权之外还包括了一些准则，如要求双方按照"诚意"和"公平交易"的一般原则展开商业活动。这些准则由商事法庭（Pie Powder courts）执行，该商事法庭位于贸易线路上的商贸市场中，独立于当地的法律体系之外。

布鲁斯·本森，佛罗里达州立大学的经济学教授，他认为商法只是自由市场上发生的自发性管理的一个表现。他解释道："只要商业活动发生，就会有商法的演化发展。在中世纪欧洲出现的有助于商业活动的惯例在殖民地美洲再度出现，这些惯例也在东欧、东亚、拉丁美洲和虚拟空间中一再出现。"③

像中世纪的市场一样，当今的互联网在很大程度上仍是一个未管制的市场。本森称为"信任者的市场"已经涌现，它帮助消费者和企业尝试建立首次交易的信用。他给出的例子是 VeriSign，该网站提供一种互联网企业可以拿来展示的信誉标，让客户相信其个人信息数据是安全的。但这绝不是独有的案例。本森写道：

---

① 威廉·安德森："监管初步知识"，载《自由市场24》，第5号，2004年5月，另见 http://mises.org/freemarket_detail.aspx?control=485。
② 本·斯泰尔和曼努埃尔·海因兹：《货币、市场与主权》，第23页，康涅狄格：耶鲁大学出版社，2009年。
③ 布鲁斯·本森："要有两只看不见的手建成一个市场：商人法常常应运而生，以帮助新兴市场运转"，载《新兴秩序研究》第3号 2010年，第100页，另见 http://docs.sieo.org/SIEO_3_2010_Benson.pdf。

美国注册会计师协会和加拿大注册会计师协会提供了一项 WebTrust 的项目。这一综合项目对在线企业有关隐私、安全以及对有关质量与效果的投诉的处理等行为进行审计。类似地，BBBOnline 提供一种"可靠封印"，认定某一在线业务为"可靠"或"可依赖"。①

批评自由市场的人士则坚持认为需要大政府的干预，原因是会出现金融危机以及 2011 年曼氏金融集团耸人听闻的破产案等灾难性事件。但金融行业已经是经济中监管最严的行业，由美联储、货币监理署、证监会、商品期货交易委员会等无数的国家机构进行监管。请注意，曼氏金融集团的倒闭发生在《多德－弗兰克华尔街改革与保护法案》通过之后。更早的还有《萨班尼斯－奥克斯利法案》，该法案要求设置昂贵的会计控制系统，明显是为了防止类似安然欺诈案件的发生和提高企业高管的责任意识。不幸的是，无论怎样的政府管制都难以防范意外和糟糕决策的发生。

自由、道德和责任

福克斯商业新闻网高级记者查尔斯·盖斯帕里诺有一个关于曼氏金融集团的有趣观点。他相信乔恩·科尔津（Jon Corzine）在意大利和西班牙政府债券上下了高风险的赌注，就是因为他相信这些国家恰似美国的最大金融机构一样，太大而不倒。正如盖斯帕里诺所写的，科尔津的投资基于如下基本态度："如果你可以救助一家客户存款达 10 000 亿美元的大型银行（花旗银行），那为什么不能救助一个像意大利这样的国家呢？"②

---

① 布鲁斯·本森："要有两只看不见的手建成一个市场：商人法常常应运而生，以帮助新兴市场运转"，载《新兴秩序研究》第 3 号 2010 年，第 100 页，另见 http://docs.sieo.org/SIEO_3_2010_Benson.pdf。
② 查尔斯·盖斯帕里诺："对政府的深信不疑毁了科尔津"，载《纽约邮报》，2011 年 11 月 4 日，另见 http://www.nypost.com/p/news/opinion/opedcolumnists/faith_in_government_doomed_corzine_y9pk8VLfhQRyrH0fQkguVP。

换而言之，科尔津因为意识到大政府的保护与监管非但没有降低风险，反而鼓励投资者投资不用太谨慎。如果他能预料到意大利及西班牙政府也可能倒闭，那么他就不会那么快去承担这些巨大的风险了。盖斯帕里诺认为，曼氏金融集团的失败就是政府监管过度所造成的"道德风险"的一个例证。这一点我们在下述第 4 章中还会讨论。

英国经济专栏作家蒂姆·哈弗德是《适应：为何成功总是以失败开始？》一书的作者，他相信大政府对市场的强迫性干预增加了风险，因为它扼杀了市场进行自我管理的自然冲动。那些因为大政府的规则和安全措施而相信市场"安全"的人们，将会承担更大的风险。

自由市场则相反，它要求个体对自己的行为承担责任。你——而非政府——是决定你的未来的主要因素。你会更倾向于做出负责任的决策，因为你将承担其后果。

大政府的胁迫性法规与监管不会引入道德与责任的概念。人们必须要自己选择做符合道德的事，因为他们信仰道德或者他们认为道德是他们自己的利益所在。过于庞大和强制性的大政府难以让社会发展出自己的道德罗盘——不仅仅是因为偏好干涉市场法规的缘故。政府运行的社区常常会限制宗教机构的影响，或者干脆禁止它的活动。

值得注意的是，俄罗斯（在前苏联时期宗教亦遭禁止）也遭受到类似的道德与信任问题。前苏联解体时，俄罗斯的腐败与暴力在商业领域泛滥而臭名昭著。政治寡头，包括前克格勃成员在内，掠夺了石油和天然气等有价值的工业资产。虽然此后情况有所改善，但问题依然存在。

亚当·斯密和其他很多学者都曾论述过，自由市场只能运行于社会及宗教机构能够帮助培育道德价值并达成共识的社会里。学校、基督教堂和犹太教堂等机构都能产生非常关键的道德影响力。不是所有人都认为自己是信教者。但"己所不欲，勿施于人"之类的价值观和其他基于犹太－基督教教义的准则都已成为行动者的重要指南。

迈克尔·诺瓦克解释道："商业社会的根基——创新与发明的习惯、对努力工作的尊重、更加看重未来——来自犹太教和基督教的训诫。"① 在诺瓦克看来，美国的缔造者们认识到"宗教与道德在约束商业本能、使其保持在边界以内、引领人们避开自我毁灭等方面发挥着关键作用"。他引述托克维尔的话，"有许多事情法律不能阻止公民去做，但美国人的宗教信仰却阻止了他们"。②

在托克维尔时代，人们对美国的一个共同认识是，**一个自我管理的国家必须有一群自我管理的个人**。自由并不意味着持有执照。一个自由的社会和一个自由的市场要求人们能够控制自由的冲动——人们要能够放下自私和其他现世的欲求，共同打造一个更加美好的未来。用本·富兰克林的话说："只有道德的人民才有自由的能力。"③

经济自由意味着更多公益

2004 年，希拉里·克林顿告诉一群富有的自由市场的支持者说，政府不断扩张的收入要求意味着他们需要让自己适应未来可能的高税收。没人愿意倾听这些内容。于是希拉里换了一种说法，她告诉他们说："我们会代表公共利益从你们那里拿走一些东西。"④

当然，从一个房间里的人们手里把钱拿走并不会提高他们的公共利益。从那些为国家创造工作岗位的富人那里把钱拿走也看不出是要去帮助穷人。

"公共利益"的论点常常用来劝说人们接受更多强制性的税收和监管。但自由市场本身，而不是大政府的官僚机构和管制，才是真正推动有益于

---

① 迈克尔·诺瓦克："自由市场侵蚀道德品质了吗？不！噢，也对"，约翰·坦博顿基金会网站，另见 http：//www.templeton.org/market/。
② 同①。
③ 本·富兰克林，1987 年 4 月 17 日，华盛顿、杰斐逊及麦迪逊研究所，另见 http：//www.wjmi.org/FF/FoFaFrank.html。
④ 阿曼达·卡彭特："克林顿：'一定要从某些人那里拿走些什么'"，载《市政厅》，2007 年 6 月 4 日，另见 http：//townhall.com/columnists/amandacarpenter/2007/06/04/clinton_ something_ has_ to_ be_ taken_ away_ from_ some_ people。

公共利益的经济繁荣与民主。

如前文所述,史蒂夫·乔布斯如果成长在叙利亚——他生父的出生地,那他就不会发明出改变世界的各种新成果。在每一个案例里,公共利益要得到最好的满足,必须在个体与企业都具有最大选择自由与选择能力的环境下。在美国,人们活得更久,生活标准也更高。自由市场经济改革,特别是柏林墙的坍塌之后,印度、中国、巴西和中东欧、拉丁美洲及非洲的许多国家都呈现了前所未有的爆发式财富增长。

经济历史学家戴德瑞·麦克劳斯基称世界经济自由化为我们这个时代的"经济大事"。开放市场可能是突发式的,但最终开放的市场广泛地提升了世界人民的公共利益:"对自由市场理念的尊崇带来了人均真实收入的增长,以 2010 年价格看,人均收入由 1800 年世界范围内的**每天 3 美元**增长至平均每天超过 100 美元。"①

最贫穷和最糟糕的情况都可以在政府主导的发展中世界里找到,那里的官僚机构对经济活动设下的障碍数不胜数。要在津巴布韦开设一家企业,企业家要向政府缴纳的费用相当于这个国家人均收入的五倍。在美国,所需的费用只是象征性的。②

在新兴市场国家,如果政府给予人们自由拥有财物的权利,则公共利益就会取得难以估量的增长。那些不相信地主和"贪婪的"开发商的人,也不会欣赏财产所有权的符合道德的一面。人们拥有财产权时,土地和建筑物都可以用来抵押成为资本的来源。中国寻求放开其经济时,就开始向民众授让更多的财产权,让人们拥有自己的住房,房子下面的土地却是国家的,国家可以随时收回。*

---

① 戴德瑞·麦克劳斯基:"资产阶级的尊严:一场修辞的革命",载《卡图无边界》,卡图研究所,2010 年 10 月 4 日,另见 http://www.cato-unbound.org/2010/10/04/deirdre-mccloskey/bourgeois-dignity-a-revolution-in-rhetoric/。
② 杰夫·梅:"创建企业的最好国家……"《华尔街日报》,2010 年 11 月 15 日,另见 http://online.wsj.com/article/SB1000142?405274870385920457552588336686 2428.html。
* 居住用地使用年限为 70 年。——编者

威林耶稣大学资本主义与道德研究所执行总监爱德华·尤金斯指出，财产所有权鼓励自主决策，因为它是以人的自由欲望与生存及追求幸福的权利为基础的。①

这就是为何经济自由一直是另一项社会公益——民主的推动力的原因。以尤金斯的话说就是，"自由是建立在所有权基础上的。"② 在市场上，拥有了选择权的人最终都会寻求更多政治上的选择权。

历史学家弗里德里克·杰克森·特纳在有关美国拓荒者的文化和政治影响力的"特纳假说"中提出了这一观点。在弗吉尼亚州和纽约州的州宪法中，争取更多自由投票权的动力来自这些州边疆地区的人们。他在《美国历史中边疆的重要性》一书中写道："民主作为国家一个有效力量，源自杰克逊及威廉·亨利·哈里森做总统时的西部多数地位，这意味着边疆的胜利……"③

卡托研究所的丹尼尔·格里斯伍德解释道，公开市场提升民主水平的另一个原因是，"经济自由与贸易提供了一个与政府权力相抗衡的力量"。④ 拥有财产和受过教育的个体与企业，拥有需要保护的资源，更可能站出来对抗独裁统治者。

最后的好处：经济自由与选择权让人们更幸福。伦敦经济学院的研究员塞巴斯提埃诺·巴瑞塔和皮尔特罗·纳瓦拉分析了从世界价值调查数据库、传统基金会/《华尔街日报》经济自由指数中抽取的60个国家的数据。他们发现幸福与经济自由及独立自主的感觉正相关，与掌控自己生活的感觉正相关。⑤

---

① 爱德华·尤金斯：《私人财产权：自由社会之道德及经济基础》，自由出版社，2000年4月15日，另见http：//www.quebecoislibre.org/younkins5.html。
② 同①。
③ 弗里德里克·杰克森·特纳：《美国历史中边疆的重要性》，第31页，纽约：亨利·赫特等公司，1921年。
④ 丹尼尔·格里斯伍德："将暴政换作自由：公开市场如何为社会开垦出民主"，卡托研究所，2004年1月6日，另见http：//www.cato.org/publications/trade-policy-analysis/trading-tyranny-freedom-how-open-markets-till-soil-democracy。
⑤ 塞巴斯提埃诺·巴瑞塔和皮尔特罗·纳瓦拉："经济自由与幸福追求"，载《经济自由的2011年指数》（华盛顿特区：传统基金会和道琼斯公司，2011年），第68页，另见http：//www.heritage.org/index/PDF/2011/Index2011_Chapter5.pdf。

经济自由就是个体自由

现在每年仍有几十万人持续不断地逃离其母国大政府的政治与经济管制而抵达美国。我们已经太习惯于听到此类故事了。是让我们再好好听一下这些故事的时候了。

1994年,小诺伯托·冈萨雷斯是在木筏漂流者危机中被从公海里救出来的数千人中的一名。他也是离境的3.8万名古巴人之一,他试图用非常简陋的木筏逃往美国。

这是冈萨雷斯的第二次尝试。第一次尝试的失败让他进了古巴监狱,这更增强了他的决心。"食品配额……由政府提供衣物……没有任何形式的自由,"他说,"这就是我要离开的原因。我不想再生活在那儿了……那里没有其他活路,没有未来。"[1]

在关塔那摩避难营盘桓了一段时间之后,冈萨雷斯最终还是到了美国,并且在"9·11"之后加入了美国海军。冈萨雷斯承认自己的生活起伏不定(他在一场怪异的事故里弄瞎了一只眼)。但他最近跟一名记者说,他的苦难还是值得的,"我宁愿被鲨鱼吃掉,也不愿死在古巴"。[2]

威廉与玛丽学院的法律教授兰·曹和她的家庭成员在1970年代逃离了越南。她说,战争不是让人们离开的原因,"战后,上百万的人逃走了,不是在战争期间,而是在战争以后。没有人选择逃离战争与暴力的危险,但

---

[1] 贾斯汀·柯拿尔:"第二部:一位古巴难民去往美国的奥德赛",载《封迪拉克报告者》2010年5月25日,另见http://www.fdlreporter.com/article/20100526/FON0101/100525143/PHOTOS-STORY-VIDEO-Part-2-Cuban-Refugee-s-Odyssey-America。

[2] 贾斯汀·柯拿尔:"第一部:一位古巴难民去往美国的奥德赛",载《封迪拉克报告者》2010年5月24日,另见http://www.fdlreporter.com/article/20100525/FON0101/100524059/PHOTOS-STORY-VIDEO-Part-1-Cuban-Refugee-s-Odyssey-America。

几百万人却逃离了专制的国家"。①

　　市场就是人民,人民并不完美。总有极端者和不诚实的人,也总会有伯纳德·麦道夫那样的江洋大盗。大政府的倡导者们喜欢聚焦在恶劣行为的少数案例上。但这些人引起我们的注意是因为他们不同寻常。而在一个有公正法制的自由市场体系中,犯错者极有可能被曝光,然后被惩罚。

　　民主资本主义也有平衡与妥协。但大多数人,如果让他们在自由与大政府的胁迫之间进行选择的话,他们会选择自由。兰·曹这样讲,"当你看这个世界的历史时……你不需要一大堆理论就能知道,人们渴望自由。而这种自由的核心构成就是市场经济体系,给人们提供选择权和各种可能性。即使有各种缺点,但人们还是会被自由市场经济体系所吸引"。

---

① 爱米·道德森:"与兰·曹教授的对话",另见 http：//law. wm. edu/faculty – spotlight/cao – profile – spotlight. php。

第3章
是硅谷还是底特律？

创造力与丰裕对比僵硬与短缺

"讲道德，"诺贝尔桂冠经济学家埃德蒙·菲尔普斯说，"就是培育人类良好的一面。"① 由于不受限制性规章及摧毁资本的税收制度的约束，个体与企业具有更大的空间去发现新方法，以满足其他人的需求与愿望。公开市场的自由空间让人们得以脱离传统方式并尝试新的办法。它还允许市场上成千上万的企业家和公司进行探索，有人成功有人失败。它也允许人们取得利润，为自己的新想法和新企业提供资金，从而鼓励各种各样的创新活动。

公开市场开发出来的新产品和新服务提升了我们的生活水平与质量，让短缺变成丰裕。以硅为例，没有自由市场释放人们的才智，硅就只能保持其海滩之砂的自然状态，而不是用来给数十亿的计算机提供动力。

有道德的创造力是有代价的。我们注意到，有创新就会有试验和失败。某些想法与做法会被市场抛弃而面临失败。失败无论对个人还是企业家而言都是痛苦的，但这对于认知过程及其后更大的成功却是必要和重要的。《金融时报》专栏作家提姆·哈福德指出，高科技作为"最近40年最成功的行业，是建筑在失败再失败的基础之上的"。② 很少有人记得苹果公司获

---

① 埃德蒙·菲尔普斯："经济公平与创新精神"，载《首要之事》，2009年10月，另见 http：//www.firstthings.com/article/2009/10/economic – justice – and – the – spirit – of – innovation。
② 提姆·哈福德：《适应：为何成功总由失败开始？》，第12页，纽约：法勒、施特劳斯和吉鲁公司，2011年。

得巨大成功的两款产品 iPhone 和 iPad，在 1990 年代牛顿公司时期就已造出了原型。但那是一种早期的手持设备，面市时被大家广泛认为荒谬绝伦。

成功的创新也带来经济学家约瑟夫·熊彼特所说的"创造性破坏"效应。当一款新产品出现时，旧技术所对应的工作岗位即会失去。通过 iTunes 技术创新音乐购买的 iPod，让音乐的获取更便捷、更便宜。但实体音乐零售店大多因过时而被淘汰了。这种突变是痛苦的，但就整个社会而言则是有益的。

大政府则相反，它会努力压制创新带来的不确定性与风险。大政府的工作就是维持秩序与安全。大政府的政策来自一小撮儿官僚而不是市场上的天才群体。利润常常是被控制甚至被禁止的对象。为了给大政府这头巨兽提供必要的维护而征收的税，吸走了技术进步所必要的资本。大政府控制的经济或市场（如医疗市场），不是在培育创新，而是在各种规章与官僚僵化体制下的停滞与萎缩。

底特律汽车制造城的败落就显示了大政府如何压制企业与行业的创新与发展。政府的各种法规取悦于政治上强势的工会，但却让汽车制造商承受僵硬的作业准则和高成本。汽车行业几十年来一直不断地努力去创新和竞争。比较一下政府导致的僵化症，与政府干预行为一直受到限制的勃勃生机的硅谷，这里的公司与人们一直自由地试验，从失败中学习。这一自由——自由地失败以及自由地成功——已经催生了一个有活力、重创新的社会，其技术创新为美国经济增添了活力。

终极追问：你想要生活在一个短缺与官僚主义构成的停滞社会，还是一个有更多工作岗位、更多产品和更多机会的活力社会呢？

革新的真正引擎：自由市场，而非政府

奥巴马总统不断宣称，政府的新政策对培育美国更强的竞争力十分必

要。他将此称为"斯普特尼克时刻"。*这让人们回想起 1957 年前苏联发射空间轨道卫星,让美国人感到了紧张,但同时也让美国启动了空间计划的项目。总统坚持认为"我们不能砍掉对经济增长影响最大的那些投资",并相信促进创新与提升竞争力之道在于更多的政府功能发挥——更多的教育及科技开支。①

大政府的倡导者常常谈论通过政府政策来推动创新,就像随时可以打开的开关。政府的确帮助开发了某些基础技术,而支持一些政府出资的研究项目也无可厚非。但大政府绝不是一个创新型经济体的引擎。

大政府不会发明汽车、飞机以及其他大多数重要产品。虽然大政府可能在计算机技术的开发上扮演了重要角色,但企业家们却提供了个人电脑。只有真正的自由市场才能给我们带来深刻改变我们生活方式的创造与发明。

举一个经典的案例——汽车。经过欧洲发明家们几十年的持续努力,亨利·福特最终在 20 世纪初在移动装配线技术上取得创新与突破,让汽车成为消费者触手可及的产品。福特的创新重新定义了我们的生活方式。由于人们可以走更远的距离,汽车业带来了郊区、高速公路的兴起——一种崭新的汽车文化。这也带来了便利店、加油站和可通行车辆的快餐链。崭新的商业模式催生了数十万个工作岗位,以及之前在商品目录上从未出现过的若干商品。

大规模汽车生产给我们带来了今天已熟识的现代生活方式,包括我们已经习以为常的不计其数的方便之处。一项发明就能够再造社会,并发起一波财富与工作岗位创造的大潮。

政府不拥有集智慧精巧于一体的平台,不能推动这些进步,或者说不能看到它们开花结果。想想需要管理的细节吧。回忆一下第 1 章,你认为

---

* Sputnik moment,意为受到挑战、必须努力迎头赶上的时刻。1957 年前苏联发射了第一颗人造卫星"斯普特尼克 1 号",这使美国面临巨大压力。——译者

① 来自总统在联合国的演讲,2011 年 1 月 25 日,另见 http://www.whitehouse.gov/the-press-office/2011/01/25/remarks-president-state-union-address。

给我们带来邮电局的官僚文化会有能力想出有着各种各样咖啡和法布奇诺的"免下车"星巴克的主意吗?

即使是有一个"最好且最聪明的"大型联邦机构,但仍然只是一小撮人,无法与公开市场上的数十万人相比。可以产生汽车、现代航空旅行、个人电脑以及其他发明的革命性创造力,正如弗里德里希·冯·哈耶克明智地指出的那样,只能来自公开市场上人们自发的各种活动。不同于政府机构里的官僚和政客必须取悦于其政治选民,市场上的个体会以解决真实世界的问题为其动机。他们基于实务的经验——哈耶克所谓的"对其他人所不了解的转瞬即逝的情形的特殊了解"——来做安排。①

这一信息让他们使用不太可能预见的办法来满足市场的需求不太可能提前预见。人们可以从最小的一些发明了解这些情形。谁能预料到简简单单用来做木工活的微平台刨最后会广泛应用于柳橙剥皮器或加工硬奶酪呢?② 另一个未曾预见的发明是,宜家使用的小小无擦痕铅笔已经在医疗领域广泛用来手术前对病人做记号。③

我们中间有多少人能想到人们喜欢在超级商场的简易诊所接受低成本的流感疫苗注射?有多少人会想到通过电话及电子邮件提供医疗咨询的企业会雨后春笋般地发展起来?而这些都是在没有监管约束的医疗市场上自发发展起来的。如果我们有一个真正自由的由客户驱动的市场,而没有今天对企业家精神的各种制约,那么我们会在医疗领域看到更多的这种创新与发明。

允许保险公司跨州销售保险以及给购买保险的人以税收减免,将会创

---

① 弗里德里希·哈耶克:"社会上知识的使用",载《美国经济评论》第4号,第519~530页,美国经济协会,1945年9月,另见 http://www.econlib.org/library/Essays/hykKnw1.html。
② 约翰·艾吉:"微平台刨如何逃出修理厂?"载《纽约时报》,2011年1月11日。
③ 凯伦·埃利和史蒂芬·瓦特-史密斯:"外科手术的新工具——宜家铅笔",载《英国医疗杂志》,2010年12月9日,另见 http://www.sciencedaily.com/releases/2010/12/101209201946.html。

立一个更大的以客户为核心的市场。这会刺激创新。医疗保险机构和医疗服务提供商会找到让客户满意的方式。就像在其他自由市场上一样，有远见的企业家会崛起，将医疗行业转型为当今无法想象的服务提供行业。

自由市场如何创造丰裕？

经济学家们说"创新"就是"提升效率"时，他们没能抓住重点。自由市场的创造力意味着创造出丰裕与繁荣。当考虑市场是否符合道德的时候，这才是关键。新技术不仅帮助人们更有效率地工作，而且让人们生产更多的产品和服务，但成本却更低。因此，创新提升了人们的生活标准，这以中央集权者喜欢用的词来说就是"播撒了财富"。

描述这一问题的首位思想家是哈佛大学历史学家亨利·亚当斯，他也是约翰·昆西·亚当斯的曾孙。在他的自传《亨利·亚当斯的教育》一书中，他思考了称之为"加速定律"的现象：技术进步步伐不断加快，各种发明层出不穷，如蒸汽轮船、铁路、电报以及照相等。亚当斯观察到，有些事情一度视为"不可能"，但一旦取得进步，就会形成连带效应并更上一层楼的局面。亚当斯举例子说，整个19世纪"美国的煤炭产量从零增到3亿吨以上"。[1]

亚当斯思想的传承人为戈登·摩尔，他也是英特尔公司的创始人之一。他认为，以硅片上晶体管数量反映的计算机的计算能力大约每18~24个月翻一番。这就是著名的"摩尔定律"。因为"摩尔定律"只是狭隘地应用于计算能力，因此人们实质上将其视为一种物理学规律。但摩尔实际谈论的却是自由市场条件下计算机行业创造力和革新的发生速度。[2]

"摩尔定律"就是关于为什么你今天购买的电脑会比两年前购买的电脑

---

[1] 亨利·亚当斯：《亨利·亚当斯的教育》，第165页，列克星敦，肯塔基州：羽痕出版社，2009年。

[2] "摩尔定律"，Wikipedia.org，另见 http://en.wikipedia.org/wiki/Moore%27s_law。

每一美元的价值多两倍的原因，这也是为什么你的 iPod 今天卖 49 美元而 12 年前卖 7 000 美元的原因。但这不是你能用钱买多少计算能力的问题。越来越便宜的计算能力可以生成一系列新的和难以预料的应用与方便，从作为无线计算设备的手持蜂窝电话到数字平板电脑，到汽车里的 GPS 导航设备，再到贺卡。根据彼得·辛格（一位布鲁金斯研究所研究的分析员）提供的数据，一张赫曼公司的简单音乐贺卡，其包含的计算能力都超过了 1960 年美国空军所拥有的全部计算能力。①

这些以越来越低的成本推动的不断加快的创新与效率就形成了我们所谓的"斯台普斯定律"，即**大多数难以企及的技术最后会在斯台普斯或者其他超级商场以更便宜的价格出现，如果不是明天的话，那也是在不远的将来。**

2000 年，IBM 制造的第一个计算机闪存驱动器存储 8 兆内容，要花 50 美元。今天，你可以拿到一个 4G 的闪存盘，容量是过去的 500 倍，而价格却只要 10 美元。蜂窝电话最初售价是 4 000 美元，完全充电后只能通话 30 分钟，现在可以用 30 美元甚至更低的价格买到（有些厂商甚至免费提供）。第一台大的平板电视出现在 1990 年代，售价是 1.5 万美元，现在你只要用不到 500 美元的价格即能买到。

类似的例子处处皆是，不仅在科技领域，在家具与服装市场领域也如此。最初市场上成功运作的圆珠笔广告是"保证不灌水的情况下能写两年"。在 1945 年要花 12.5 美元才能买一支圆珠笔，相当于今天的 150 美元，而今天你花少部分钱就能买到一包圆珠笔。

我们把这些发展视作日常生活的理所当然，亨利·亚当斯却抓住了其中更深远的含义。在他的自传中，他描述了发电机——他那个时代科技进步的代表。这不仅是一台机器，而是"一种无限的标志"——由人们想象力所创造出来的无限可能。

---

① "国家未来的数字安全"，布鲁金斯研究所，2011 年 5 月，另见 http://www.brookings.edu/articles/2011/05_ national_ security_ singer. aspx。

有创造力的市场会推动"更大的善行"

在 1900 年巴黎博览会上,亚当斯印证了他自己的观点。博览会展示了那个世纪的科技成就,这使亚当斯感受到了一种类似宗教顿悟的东西。这位历史学家"开始感到 40 英尺的发电机是一种充满道德的力量,就像是基督徒对十字架的情感"。在更加眼花缭乱的 21 世纪,这种感情可能在有些人看来荒谬可笑,但亚当斯却为自由市场创新的道德价值找到了很好的论点。比仅仅创造财富更重要的是,民主资本主义的创造力已经成为一种强有力的势力,那些大政府的倡导者们喜欢称之为"更大的善行"。

今天,我们对两个世纪之前条件有多艰苦很少有感觉。就像作家及神学家迈克尔·诺瓦克所描述的:

> 平均每一代人中会出现一次饥荒对文明世界的侵袭。疫病攫取了数千人的生命。1780 年代,法国家庭用 4/5 的收入购买面包(仅仅是面包),以便活着。在 1795 年,法国人的预期寿命是,女人 27.3 岁、男人 23.4 岁。在 1800 年,全德国只有不到 1 000 人的收入高于 1 000 美元(以当今的美元为计值单位)。
>
> 言论与宗教的自由十分罕见。在大多数文化中,绝对统治者同时控制着政治、经济和道德文化。在这个世界的大多数地方,传统的基督教徒和犹太教徒的生活处在严格的管束之下。[1]

诺瓦克写道,市场经济在英国、美国的发展改变了一切,"跌跌撞撞了 5 个世纪之后,人们终于找到了以持续和系统化的方式积累财富的方法"。[2]

---

[1] 迈克尔·诺瓦克:《民主资本主义的精神》,第 16 页,纽约:西蒙-舒斯特出版社,1982 年。

[2] 同[1]。

经济自由催生了一个创新的世纪,大幅改善了人们的生活条件。人们能够关注到生活必需品之外的事情了。他们获得了更大的"个人选择自由"和类似"丰富的食物、新饮料、新技巧和新假期"的优势。

哲学家托马斯·霍比斯曾将生活描述为"肮脏、残酷和短促"的,但每过一代人就觉得这越来越不真实。

英国记者马修·莱德利在其有影响力的畅销书《理性优化者》中描述了自由市场如何有力提升人类生活水平的点点滴滴。

> 大多数人(今天)吃得更好了,得到了更好的庇护,得到了更多的娱乐,对抗疾病的能力也更强了,于是他们活到了祖先们从未活到过的更高的年龄。
>
> 即使算上那些仍生活在贫困、疾病和短缺中的数亿人,这一代人还是得到了之前所不能想象的更多的卡路里、瓦特、流明(光通量单位)、平方英尺、G(存储空间)、兆赫、光年、纳米、每英亩的蒲式耳(粮食产量)、每加仑的英里数、食品里程、航空里程以及更多的钱。人们拥有更多的维可罗(Velcro)粘扣、疫苗、维生素、鞋子、歌手、肥皂剧、切芒果机、性伙伴、网球拍、制导导弹以及任何其他能够想要拥有的东西。有人估计,在纽约或者伦敦,人们能买到的不同产品数量可能超过 100 亿种。[1]

莱德利告诉我们,即使在贫穷的国家,人们也更长寿了。"现在的墨西哥人的平均寿命也已经超过了 1955 年英国人的平均寿命。波兹瓦纳人的收入也已超过了 1955 年芬兰人的水平。"食物、衣物、燃料和住房在过去几十年里都逐渐便宜下来了。

看似奇怪,但家庭住房平均成本可能还是略低于 1900 年或者 1700

---

[1] 马特·莱德利:《理性优化者》,第 12 页,纽约:哈珀,2010 年。

年的水平，虽然现代住宅具备了更多现代化的方便设施，如电力、电话以及管道给排水系统。①

我们的劳工也拿到了更高的薪水，他写道，"当今 1 小时的工作可以挣到 300 天阅读照明用的钱；1800 年工作 1 小时只能挣到 10 分钟的照明开销"（如果大政府迫使消费者购买那些昂贵的灯泡的话，这项成就就大为逊色了）。

企业家的创新精神一直是众所周知的各种提升得以实现的最核心力量。企业家及自由企业的传道者迈克尔·斯壮相信，"创建新企业是给这个世界带来积极改变的最有力的方式。如果当前用于零和政治冲突的精力逐步转移到创建可持续经营的企业上来，那么对世界累积的正面影响就会非常大"。②

市场的解决问题之力

有创造力的自由市场在解决问题方面的能力，仍不幸地被低估了。很多原本很精明的人也毫不动摇地相信，比如，能源与医疗永远都会十分昂贵。他们不能想象，如果让自由市场发挥作用，就能出现解决方案。

我们之前提到过这一观点，但这里还要再强调一下：**创造力是公开市场永不停歇的动力**。人们在不受政府约束的情况下，总是在想各种方法解决问题和满足其他人的需求。虽然我们可能不好预测他们会具体怎样做，但这一点尤其重要，自由市场的创新确实是偶然的和难以预测的。

例如，在很早之前人们就相信地球是"平"的，资源是"固定的"。1790 年，托马斯·马尔萨斯教士做了精密计算，展示了全球人口的增长很快会超出食物供应的能力。马尔萨斯主义的悲观观点无疑给 1970 年代的经

---

① 马特·莱德利：《理性优化者》，第 12 页，纽约：哈珀，2010 年。
② 迈克尔·斯壮：《解决方案：企业家和有良心的资本家如何能解决世界上所有的问题》，第 57 页，霍伯肯，新泽西州：约翰·威利父子出版社，2009 年。

济滞胀提供了基础。人们担心"人口过多"会导致食物和其他重要资源的短缺。这方面的公众焦虑表现在一份受卡特总统委托撰写的《致总统2000年全球报告》中，该报告于1980年获得解密。报告预测，"如果当前趋势得以沿袭"，人类将面临一个超级拥挤、生活水平极低和悲惨事件层出不穷的未来：

> 虽然物质产出更高了，但这个世界的人们会在很多方面比今天的人们更贫乏。对于那些数以亿计的贫困者而言，食物和其他生活必需品的前景难以改善。对许多人而言，情形可能会更糟糕。[1]

这份世界末日预测报告的言下之意是，对于这种情形的进一步发展，**政府必须做点什么**。

已故自由市场倡导者朱利安·西蒙是第一批看穿这一荒谬思想的人之一。西蒙和他的未来学同事赫尔曼·卡恩用他们合著的著作《资源丰富的地球》反驳卡特时期的"末日说"：

> 如果当前趋势得以沿袭，2000年的世界拥挤程度将会更低（虽然人口更多了）……世界上的人们会在大多数方面都比今天更富足……对于食物与其他生活必需品的前景会更乐观……地球上的大多数人的生活会比现在在经济上的危险性更小。[2]

30年之后，比起1970年代，全球人口又多了25亿。全球人口突破了70亿大关，12倍于200年前马尔萨斯时代的人口。但对2000年全球进入极度短缺的预言却永远也不会兑现了。最近30年的发展支持了西蒙及卡恩

---

[1] 环境质量委员会：《致总统2000年全球报告》（第一卷），第11页，华盛顿特区：美国政府出版社，1980年。

[2] 朱丽安·西蒙和赫尔曼·卡恩：《资源丰富的地球：对2000年全球报告的回应》，纽约：布莱克威尔，1984年。

有关物质产品更加丰裕的预言。但这一进步并非政府作为的结果，而是因为全球的政府**闪开了道路**。政府解除了对经济体的约束，让经济有更大的自由。

更大的自由度让天才与企业尽情发挥自己的创造力，让中国、印度、马来西亚、印度尼西亚以及前苏联等各个国家的数亿人口摆脱了贫困。感谢那些转基因作物，通过让作物更耐疾病与虫害，大大提高了产量，食物比之前多得多了。

贫困仍必须根除。但发展中国家的人们在 30 年前只处于温饱水平，而今天可以有钱购买像手机和汽车这样的消费品。的确，当前的担心不是中国人和印度人会挨饿，而是他们会从经济上超过我们。

记者布莱恩·帕尔玛指出，今天"很少有经济学家再对某类资源的耗竭前景而夜不能寐了"。① 他曾报道说，《美国地质评论》曾估测全球锌储量在 7 700 万吨左右，但勘探技术与采矿技术的提高让人们之后挖出了该储备量的大约 4 倍。"砖家们"也对锡、铜、铁矿以及最重要的石油的储备量大大高于预测的量而大跌眼镜。帕尔玛写道："1970 年，研究人员认为我们只剩下 30 年石油可采了。1990 年，预计的剩余石油可开采量提高到 40 年……现在石油行业很少有人认为到 2050 年所有油井都会枯竭了。"

一位知名的行业分析师丹尼尔·耶金指出，在现代史上，人们曾有五次担心石油即将耗尽，但却从未真正兑现过。1970 年代末，人们对即将从"石油之巅"② 滚落下来而吓得要死。结果全球石油产量其后又增加了 30%。实际上，由于石油与天然气开采方面的重要技术进步，美国以及整个世界都经历了石油与天然气供给的快速增长。

---

① 布莱恩·帕尔玛："地球曾经耗尽过任何自然资源吗？"Slate.com，2010 年 10 月 20 日，另见 http：//www.slate.com/articles/news_ and_ politics/explainer/2010/10/has_ the_ eartri_ run_ out_ of_ any_ natural_ resources.html。
② 贾斯汀·哥迪斯："丹尼尔·耶金：论能源、安全与现代社会的重建"，载《第一气候》，联邦俱乐部总部，2011 年 10 月 13 日，另见 http：//climate‑one.org/blog/daniel‑yergin‑energy‑security‑and‑remaking‑modern‑world。

对环境问题的末日预测也没有信誉可言。的确,最初的经济增长会在穷国造成对环境的负面影响。但当各个国家逐步富裕起来时,事情也正在向好的一面转化。当一国的人均收入超过 8 000 美元之后,其环境将开始逐步变得清洁。研究人员已经能够对二氧化硫之类的污染物的排放制作出趋势线,其先增长然后下降的态势呈现出一条倒 U 形的曲线。① 这一趋势线就是"环境库兹涅茨曲线",其名称来自已故的沃顿经济学家西蒙·库兹涅茨,他研究收入不平衡趋势时发现了一条类似的倒 U 形曲线。

今天,1970 年代的那种担忧与灰暗、马尔萨斯式的思考又回潮了。MarketWatch 新闻网站专栏作家保罗·法雷尔在 2011 年回应其悲观主义同事的观点时曾警告说,生物学家保罗·埃利希四十多年前描绘的"人口炸弹"最终已处在引爆的边缘了。他宣称,这个星球正濒临一个"临界点"。世界人口"可能于 2100 年超过 150 亿,所有人都想要更好的生活,所有人都想要更多的自然资源、更多的大宗商品,只能通过革命来满足他们的经济目标了"。②

大政府的倡导者们还在坚持担忧"短缺",而历史却显示他们的担心是没有根据的。

蜂窝电话的道德威力

蜂窝电话的例子有力地展示了简单的自由市场创新如何大幅改善数十亿人的生活。30 年前,只有很少一些人能够买得起一部蜂窝电话。行业开拓者摩托罗拉的蜂窝电话几乎要花 4 000 美元。今天,全世界有 50 亿部蜂窝电话,即使穷人也能够拥有,包括西半球最穷国家海地的 300 万

---

① "环境库兹涅茨曲线",Wikipedia. org,另见 http://en.wikipedia.org/wiki/Kuznets_curve#Environmental_Kuznets_Curves.
② 保罗·法雷尔:"人口爆炸:90 亿将走向第三次世界大战",载《市场观察》,2011 年 6 月 28 日,另见 http://www.marketwatch.com/story/population-bomb-9-billion-march-to-wwiii-2011-06-28? pagenumber=1。

民众。

有些人因为不断的短信骚扰和在公共场所就能听到别人的私人谈话而感到苦恼，他们应当多想想这些设备所能产生的影响，特别是对发展中国家而言。蜂窝电话已经成为一件有力的创富工具，它带来工作岗位并提高工作效率。对许多穷国人而言，这些电话是他们联系医生、取得医疗服务的重要联络方式。蜂窝电话也可以帮助农民提高生产效率和获得利润，比如他们能够获取有助于确定其作物或牲畜价格的重要信息，而不用亲自去市场上。在肯尼亚，缺乏银行服务的小型企业员工用手机进行交易和资金转账。

一项联合国研究确认，"蜂窝移动电话已催生了一系列微型企业，给缺少教育和资源的人们提供了工作机会，一个很好的例子就是有些人可以在大街上出售通话卡及进行刷机服务"。① 2005 年伦敦商学院的一项研究发现，蜂窝电话的渗透率更高的发展中国家，GDP 增长速度也更快。我们把蜂窝电话当作一种便利工具，而在穷国，电话就是财富创造的关键因素。②

比尔·盖茨向印度学习"创造力资本主义"

几年前，比尔·盖茨在达沃斯世界经济论坛的一次公开讨论的演讲中，提出自由市场在帮助这个世界的穷人方面做得还不够，他呼吁建立一种新的"创造力资本主义"，以慈善努力去帮助那些需要帮助的人。

---

① "联合国贸发会议在信息、通信、技术领域发现了穷人的新机会"，联合国贸易和发展会议，新闻发布，2010 年 10 月 14 日，另见 http：//www. unctad. org/templates/webflyer. asp？docid？= 13953&intItemID = 1528&lang = 1。
② 里奥纳德·威佛曼、梅洛里亚·麦驰以及麦尔文·法斯："通信对发展中国家经济增长的影响"，伦敦商学院，2005 年，另见 http：//web. si. umich. edu/tprc/papers/2005/450/L% 20Waverman - % 20Telecoms% 20Growth% 20in% 20Dev. % 20 Countries. pdf。

资本主义可以以有益和可持续的方式来约束自利行为，但只是针对那些有支付能力的人。政府援助与慈善可以给那些没有支付能力的人提供关心和帮助，但在他们的需求得到满足之前，可能资源已经耗尽。为了给穷人提供更加快捷的改善机会，我们需要一个比今天更优的方式吸引创新者和企业的体系。[1]

但过去的经历——以几千亿美元的支出——已经证明，援助，无论是来自若干家公司还是来自政府，从未终结贫困。能够带来盖茨所寻求的根本性变化的，只能是给予人们更多的经济自主权——去除政府的限制与约束。

要了解"创造力资本主义"的真实内涵，我们最好去一趟印度，印度曾经是世界上最穷困的国家之一。直到1985年，90%的印度人口每天只有1美元的收入。数十年的社会主义税收和管制搞乱了印度经济。想要成为企业家的人即使在街头做小买卖以避免饿肚子，也要获得政府的许可；而即使某些幸运的能够超越温饱的少数人，到商店里也没什么东西可买。例如，那些想要买车的人只能从几个技术老旧的款型中挑选。

1990年代初，印度受到债务危机的震荡，开始实施市场化改革。政府削减了管制措施，放开了贸易与投资市场，同时还采取了税收体制改革和私有化等措施，结果是奇迹般的。此后，全球多个国家都开始帮助印度，它们不是通过一次性地投入援助资金，而是通过贸易和投资，提供工作岗位和迫切需要的产品，经济得以爆发式的增长，GDP每年增速达到7%~9%。

印度的改革做了企业慈善或者政府援助所做不到的事。在不到30年的时间里，这个国家将贫困率降到了原先的一半的水平。[2] 3亿印度人脱离了

---

[1] 比尔·盖茨："创造力资本主义"，2008年达沃斯论坛演讲，2008年1月28日，另见http://www.egovmonitor.com/node/16877。

[2] "贫民窟千元者：著名的电影可以在经济刺激方面教给美国什么"，采访锡卡·达尔米亚，理性电视，另见http://reason.tv/video/show/slumdog-thousandaire。

极度贫困——这个数字相当于全美国的人口。虽然还是存在相当大的贫困人口,但印度现在已经有了一个欣欣向荣的消费者社会。今天,印度人可以逛大型购物中心了,到处都是过去找不到的食物。人们可以购买高质量的汽车。的确,现在的一个问题是怎样让这个国家不多的道路现代化,以适应不断增长的运输需求。

盖茨描述的那种公司慈善也从不会带来这样的根本性变化。你不需要"创造力资本主义",但资本主义已经是创造力十足了。

华尔街怎么办?

欣赏史蒂夫·乔布斯或者亨利·福特这些企业家成就的人,还是很难找到金融领域的创造力的,金融危机之后就更是如此了。

电影制片人迈克尔·摩尔表达的观点受到广泛认同,而不仅仅是得到了极"左"派的认同。他的观点是"做出了东西或者发明了东西"而受到奖励是可以的,但反对"奖励那些以钱生钱的人,那些将钱挪来挪去、把抵押贷款分割一千次,然后卖到中国的人"。[1]

在右翼,前共和党总统候选人、颇具希望的纽特·金里奇,当他谈及其主要竞争对手米特·罗姆尼时,在自由市场的支持者中引发了一场骚动。罗姆尼作为贝恩资本的共同发起人,1990 年代还在管理该公司。金里奇问道:"资本主义真的就是一小撮儿富人操纵成千上万的其他人的生活,然后拿钱走人吗?或者某种程度上,这不是一个有缺陷的系统吗?"[2]

其他人则质疑罗姆尼在纳税申报上的道德问题。有数据显示,罗姆尼

---

① 采访迈克尔·摩尔:"皮尔斯·摩根在今晚",CNN.com,2011 年 9 月 26 日,另见 http://transcripts.cnn.com/TRANSCRIP?TS/1109/26/pmt.01.html。

② 迈克尔·勒文森:"纽特·金里奇攻击米特·罗姆尼的贝恩纪录",Boston.com,2012 年 1 月 9 日,另见 http://www.boston.com/Boston/politicalintelligence/?2012/01/newt-gingrich-attacks-mitt-romney-bain?-record/jYogmlKKuDbUXhejARvvQO/index.html。

只支付了15%的税率，因为他的收入来自投资收益。罗姆尼的批评者们或者媒体很少花时间去推敲资本利得税的合理性。批评者们高谈阔论，好像资本利得是一个确定的收入，但实际上，大部分新创立的公司以破产收场。资本利得税比较低是因为罗姆尼这样的投资者让自己的钱冒险用于可能不会成功的其他的事业，从而也帮助了社会。不是罗姆尼的所有投资都成功了。成功的投资确实带来了成千上万个工作岗位，并为不计其数的投资者和股东带来了上亿的收益。但在那些高声叫嚷的批评者看来，罗姆尼只是"把钱挪来挪去"，并且拿到了不公平的税收减免额。

这些情绪来自由来已久的偏见。经济学家托马斯·斯威尔曾精彩地论述过长期存在的、贯穿于各种文化背景的对"中间人少数派"的不信任。中间人不仅包括犹太人和美国的亚洲移民，也包括了尼日利亚的伊博人（Ibos）和印度的帕西人（Parsees）。斯威尔解释道，有关他们的偏见绝不止于不同的种族问题。"零售与放贷一直被认为在经济上不复杂，不能给一个社区的福利增添任何价值。"[1] 就像迈克尔·摩尔那样的人，他们数百年来就一直没能明白那些"以钱赚钱"的人实际上还是做了一些事的。

摩尔之类的人错得非常离谱。像贝恩这样的私募股权和投资公司正是美国创造就业岗位和经济增长速度快于其他发达国家的主要原因。很少有人了解到，创业资本行业发源于美国并在很大程度上仍是一种美国现象，除了英国的特例之外。在2008金融危机之前，美国在新兴公司上投入了270亿美元，同比英国只投入100亿美元。[2] 而在荷兰和法国，投资规模要小得多。在意大利，创业资本活动基本上是不存在的。像贝恩这样的公司正是具有企业家精神的企业能够成为创新、岗位提供以及财富创造的发动机的原因。我们还将在后面的第5章中讨论这一问题。

---

[1] 托马斯·斯威尔："反犹太主义是天生的吗？"载《胡佛文摘》第3号，2005年7月30日，另见 www.hoover.org/publications/?hoover-digest/article/7727。

[2] 哈提姆·泰尼吉和威杰·萨斯："欧洲的创业资本公司对比美国公司：业绩落后者"，载《伊韦商业杂志》，2011年3月4日。

贝恩资本帮助过很多公司成长和繁荣，包括史泰博（Staples）、天气频道（The Weather Channel）、布鲁克斯通（Brookstone）、西利公司（Sealy Corporation）以及汉堡王（Burger King）。

但纽特·金里奇怎么会抱怨像贝恩这样的公司常常摧毁工作岗位呢？确有破坏工作岗位之事，但这样的控诉非常误导大众。即使没有贝恩这样的公司，经济也在不断地创造和破坏工作岗位。我们在本章开篇就解释了，对某些工作岗位及某些公司的创造性破坏是市场活动的一种必然结果。基于芝加哥大学、马里兰大学、哈佛大学研究人员的最新研究，创业资本公司长期看并不比其他经济体对工作岗位有更高的破坏率。最初破坏的工作岗位比较多，当时他们正重构公司的流程，让这些公司能够更好地竞争。但后期的工作岗位的创造抵消了最初的损失。许多公司本来会破产，但被拯救下来后以更好的姿态开始增长。

丹尼尔·亨宁格（Daniel Henninger）在《华尔街日报》撰文指出，我们走出1970年代经济的萎靡不振之后，类似贝恩这样的公司在之后的十年里通过重塑各种"跑不动"的公司而帮助"拯救了美国"。亨宁格提醒我们，"回到那个被称为'贪婪十年'的时代，搞资产剥离的野蛮人就在门外。可能有关当时那种流行的所有事情都是错误的。但如果正确理解的话，则包括贝恩资本在内，1980年代都是伟大的年代，当时具有良好弹性的美国发现了一条救赎自己而不成为当今欧洲——全球曾经盛极一时的过气者——的道路"。[1]

犹太－基督教传统中的企业家创新精神

企业家创造力的道德性根植于犹太－基督教的信念之中。著名哲学家及神学家迈克尔·诺瓦克曾写道，基督教教义认为"创造让自己"处于

---

[1] 丹尼尔·亨宁格："贝恩资本拯救美国"，载《华尔街日报》，2012年1月19日，A13版。

"未完成状态"。人类生来要成为"与上帝一起工作的创造者,将上帝隐藏起来的可能性发掘出来"。①

犹太-基督教理念对质疑和探究能带来企业家创新的品质与技巧给予很高的价值认同。17世纪的哲学家约翰·洛克写道,质疑的能力是理性思考并生发出真正道德信念的基础,"那些为了神的启示不讲理性的人,终将扑灭启示与理性之光"。② 质疑的过程也是研习《塔木德》(犹太法典)的基础。

民主资本主义因为发展了质疑与理性思考的能力而丰富了每一个个体的人性。想想是什么让人们发起一家企业、开发一款新产品或者保有一个工作岗位?公开市场所要求的解决问题让我们进行自我完善——磨砺我们理性思维的能力。迈克尔·诺瓦克有一段非常精彩的话:

> 资本主义(正如这个词所蕴含的)是一个关于头脑的体系。务实的智慧给每一细节以秩序。它会促进人们进行发明与提出崭新的想法。它不停地努力寻求更好的组织形式、更有效率的生产活动和最大的满足。它既为长远规划也为近期打算。它给材料、机器、生产商、销售员以及消费者下订单。它将工具与结果组织在一起。它不停地向自己学习以便改进和提升。③

资本主义鼓励人们积极向上、向前以及"既做长期计划也做短期打算"的能力,在乔治·米契尔(George Mitchell)15年发展水力压裂技术的例子中得以体现。1980年代,能源专家相信天然气供应正在萎缩。这一担忧刺激了米契尔(总部在休斯敦的独立能源开发商),其公司的天然气主要供应

---

① 迈克尔·诺瓦克:《民主资本主义的精神》,第39页。
② 约翰·洛克:《人类理解论》,第2卷,第318页,另见 http://books.google.com/?books?id=TDMVAAAAQAAJ。
③ 同①,第43页。

芝加哥市。他正在寻求一种方法能够替代其关键储备。一篇地质报告使他相信天然气储量十分丰富，但问题是它们被锁在页岩之中，那是达拉斯和沃斯堡下面极其密实的岩层。①

几乎每一个人，包括米契尔自己的工程师都对天然气能否以合理的成本从严实的岩层中提取出来抱怀疑的态度。但他仍坚持并自己承担费用寻找解决方案长达 15 年。结果就是一项称为"水力压裂"技术的增强版——"液压破裂法"——通过扩大岩层的天然或人工开裂办法来提取天然气。

米契尔的创新改变了整个能源工业。美国在半个世纪之后第一次成为能源的净出口国。页岩气已迅速由美国天然气供应的 1% 增至大约 25%，而未来的发现会让这一份额占比更高。虽然有一些环境保护主义者（但不是全部）反对开采页岩气，但页岩气是一种负面影响很少的清洁能源，不仅优于石油，而且也优于煤炭和核能。它也可以成为一种重型运输工具（如卡车）的新燃料。

这位能源企业家（2002 年卖掉了他的公司，拿到 30 亿美元）帮助推进了一项技术革新，在大政府的允许下，给数亿人带来更清洁、更廉价的能源。米契尔的成就具有地理政治学的意义和影响。在法国和波兰等国发现的页岩气，将降低欧洲对石油及天然气进口的依赖。而俄罗斯作为欧洲的重要出口商，将会遭受政治筹码的重大损失。如果出口不能再支撑其政府主导的经济体，则俄罗斯可能最终会实施更深入的市场改革。

美国社会尊崇能够安邦定国的探索者和先锋。我们敬慕那些冒险进入太空并在月球行走的航空员。没人能够质疑这些探索成就所具备的道德特性与果敢。而类似于乔治·米契尔这种富于创新精神的企业家对风险的承担来自于一种朴素的冲动，用获诺贝尔桂冠的经济学家埃德蒙·菲尔普斯的话说就是，"放手一搏，跃入未知之域"。他写道：

---

① 丹尼尔·耶尔金："踏上了天然气"，载《华尔街日报》，2011 年 4 月 2 日，另见 http://online.wsj.com/article/SB100014? 24052748703712504576232582990089002.html。

要做得更好、走得更远、延展我们可及领域的欲求，是我们作为人类的一部分……我个人以为，面对挑战和自我发现的精神是人类的一项基本特征……这就是奥古斯汀所谓的"不安定的心"。这是人类本性中好的一面；压制这种不安定的社会将会面临停滞和衰亡。①

大政府：反创新者

我们注意到，政府会压制市场的创造力，因为政府的核心诉求是维持秩序与安全。当由政府主导某个市场的时候，政府倾向于将风险承担、不确定性以及培育创新的突变降至最低。

我们不用怎么考虑就能找到例子，如黄色公共校车。校车是政府主导的寡头垄断市场，只有几家公司制造校车。而政府——当地学校所在的地区——是仅有的顾客。因为这些校车会反映出当地教育机关考虑事项的优先级别以及预算情况，因此校车的改善就一直比较缓慢。

校车制造标准早在1939年就由一位前教育系统主管弗兰克·赛尔召集的一组教育家、制造商和官员讨论并确定了。② 尽管校车的主要职责是运送我国的孩子们上学，但校车设计比起用于公众通勤的公共汽车并无太大改动。现代城市巴士已经改为平头设计，可以让司机对街道以及行人有更好的视线。但大多数校车现仍采用敦实的卡车风格，其设计可以追溯到1930年代，给司机提供的视线就差多了。国家安全标准最后一次更新是远在30年之前。③ 而让许多家长担忧的是，大多数校车仍没有安装安全带。④ 如果人们了解国家法令早在50年前就要求客车安装安全带了，那就明白这种校

---

① 埃德蒙·菲尔普斯："经济正义"。
② "校车"，Wikipedia.org，另见 http：//en.wikipedia.org/wiki/School_bus#Industry_contraction_.281980-2005.29。
③④ 同②。

车真是不同寻常。

政府官员相信,校车在使用时很少有坐满孩子的情况,因此没必要花这个钱。他们坚持认为这些校车都是安全的。但对全国校车安全联盟持批评意见的阿伦·罗斯博士却认为,校车意外的受伤率和死亡率都被低报了。① 他援引国家高速公路交通安全管理局的数据,显示任何车辆的腰肩安全带都可以将受伤率及死亡率降低45%。肩部束带也可以让孩子们待在座位上,从而增加安全性。另外,许多家长也希望校车有安全带。

校车没有安全带的真正原因,大家相信是费用问题,因为这会给每辆新校车增加1.5万美元的费用。② 座椅安全带的倡导者已在6个州进行说服,而这些州政府也同意对比较大型的校车安装安全带。

关于座椅安全带的争论可能有助于对校车其他方面的改进。现代"平头"巴士越来越普遍了。有些新公交车正在开发"睡着孩子的警示"功能,让司机在旅途终点检查落下的人。但改进的脚步却步履维艰,彰显了大政府妨碍创新的实情。政府决策的基础是预算与政治考量。

虽然并不是每个人都相信座椅安全带是校车所必需的,但每个人都会同意我们国家的航空旅行是一团糟。美国运输安全管理局(TSA)只是这团乱麻中的一小部分。任何地点的任何航班都可能会发生无限制的延误或被取消。2010年交通部的解决办法就是颁布停机坪延误规则,即任何飞机上的每一名乘客在飞机跑道上延误3小时以上,航空公司都要缴纳罚金2.75万美元。实际上并没有出现多少违规者,因为航空公司害怕巨额罚金,于是干脆取消航班,从而造成了更多的旅客滞留。

就像本则故事所揭示的那样,我们国家航空混乱噩梦的真正原因是大政府对国家航空基础设施的不当管理。

---

① 南茜·鲍德尔:"校车的座位安全带",呈给国家运输安全理事会的证词,1994年,另见 http://www.ncsbs.org/testimonies/testimon?y_nbauder.html。
② 阿莱克斯·约翰逊:"为何孩子的校车没有安全带",MSNBC.com,2010年12月29日,另见 http://www.msnbc.msn.com/id/40820669/ns/us_?news-life/t/why-your-childs-school-?bus-has-no-seat-belts/#.T4Ggob9GijE。

政府运营的机场一直以来不愿意实施基于市场机制的管理措施，如停机口的高峰区别定价，以便将一些流量引导到低峰时段。如今的航空流量控制系统仍建立在1950年代过时的雷达技术基础之上，使飞机适应变化情况的能力比较有限。飞行员只能浪费时间绕跑道转圈，消耗了更多的燃料，降低了航空流量。

我们可以以升级航空管理系统为契机修缮老旧的基础设施，正如其他国家已经采取的措施那样，使用类似客车导航系统的GPS航空流量管理技术。这种技术在美国被称为下一代（NextGen），可以让飞行员更容易操作，也使航空流量的管理更加有效。美国预期会在2025年之前全部装备新一代技术，总开支大约350亿美元。但该项目的进展十分缓慢，仍胶着于国会有关资金来源的争战之中。[①]

华盛顿的政治因素不是航空系统改革的唯一障碍。机场不愿意实施高峰时段停机口特别收费定价，还因为机场担心惹恼不愿缴纳更高费用的航空公司。

但在自由市场之下，克服对新观念的抵触是很容易的。公开市场可以让一位有企业家精神的外来者进入本行业着手变革，就像史蒂夫·乔布斯对唱片业所做的那样。人们可能还记得在1990年代末，当人们开始从互联网上免费下载音乐时，音像公司的最初反应就是起诉这些倒霉的个人犯规者。这让这些公司臭名远扬，但却仍难以阻止非法下载的洪流。乔布斯携iTunes杀入，让音像公司从下载音乐里挣到了钱。最初音像公司是抵制的，因为音像公司需要打开CD的编排以出售单支曲子。但乔布斯成功地说服了它们，让它们认识到出售单曲符合它们自己的利益，也是大幅度压缩网络盗用的唯一方案。[②]

大政府的官僚机构不具备这种前瞻性视野，也不具备像史蒂夫·乔布

[①] 罗伯特·普尔："航空管制改革新闻稿第86号"，理智基金会，2011年8月30日。
[②] 沃尔特·伊萨克森：《乔布斯传》第398~402页，纽约：西蒙与舒斯特公司，2011年。

斯那样的企业家解决问题的能力。其解决方案大多是保持现状或者老调重弹。奥巴马总统抱怨 ATM 机和机场小卖部让机场"少用了工人"时，就反映了这一观念。① 但正是催生了所有这些进步的技术革命，让奥巴马先生就任总统之前的 30 年失业率达到历史最低纪录的水平。

美国大政府：创新之终结？

我们的确可以从"斯普特尼克时刻"这件事上得到一个有关创新的教训，但不是奥巴马总统提出的想法。"斯普特尼克时刻"真正显示的是大政府不但没有去激发竞争力，反而摧毁了竞争力。

俄罗斯可能领先实施了它的空间计划，并开发了几款成功的超级计算机。但它的努力已被我们来自硅谷的创新反超。作家迈克尔·斯壮认为，原因就在于美国的经济自由。

> 苹果、雅达利、微软、莲花等公司改变了世界，因为任何人若能开发出自己的软件或制造出自己的设备，就可以创设自己的公司。用经济学家的话说就是没有"进入障碍"。而且，如果几千从高中和大学退学的人能够全神贯注地做一件事，在玩乐中创造出一些小工具，那就能改变世界。②

前苏联集全国之力开发"斯普特尼克"号，并将一个人送上太空。但这一创新是例外。由于数不清的法规与条例，由政府主导的社会的创新力

---

① 阿莱克斯·菲茨西蒙斯："奥巴马把高失业怪罪于 ATM，媒体对总统失言无可奈何"，MSNBC，2011 年 6 月 15 日。更多阅读另见：http://newsbusters.org/blogs/alex-fitzsimmons/2011/?06/15/obama-blames-high-unemployment-atms-media-?shrug-gaffe#ixzz1kUUNGHvX。
② 迈克尔·斯壮和约翰·麦凯：《成为解决方案》，第 60 页，纽约：约翰·威利父子出版公司，2009 年。

会发生迟滞。公费医疗是西欧的官僚国家以及某些亚洲国家在生物科技以及医疗创新方面落后于美国的重要原因。欧洲的新药开发要慢得多，那里的公费医疗价格管制妨碍了公司收回其成本并取得投资资本所需要的利润。

美国更加开放的市场和联合研究的文化是诺华公司重新布厂和在美国并购企业的原因。美国的研究人员出版的生物学和医药学论文比其他任何国家都多。

个人电脑与其他发明起源于美国绝非偶然。重度监管的欧洲社会民主体制不鼓励美国式的风险承担与企业家精神，而这些恰是驱动经济增长及其创造力的源泉。在德国，达到一定规模的公司就被要求在董事会里有工会成员的席位。① 一位有企业家精神的 CEO 在对公司发展方向作出必要改变时可能面临很大的困难，因为每个人都得同意。公司都是联邦的成员，可以共同与工会谈判。这也会让维持现状更容易一些。

我们之前解释过，欧洲（除了英国之外）缺乏美国这样有深度的资本市场、向创业企业投资的渠道与载体，如共同基金、年金、权益基金以及创业基金等。寻求资本支持的企业无法借助于债券市场，就只能依赖于厌恶风险的大银行。对比之下，美国公司拥有 1.2 万亿美元的银行贷款，而其欧洲同行则拥有 6 万亿美元的银行贷款。②

在欧洲比较惰性的市场上，首次公开募股（IPO）相对比较少见。正在快速成长的公司只能与大公司合并，且没有太多选择。有创造力的企业也会受到政府集中式的劳工法所限制。企业家创建一家企业非常困难，因为企业一旦失败，成本极其高昂。那些想要成立公司的人也需要冲破监管的重重阻碍，获得各种许可与牌照。

1990 年代，法国的社会主义政府通过了一项法案，禁止人们每周工作

---

① "德国的劳资协同决策"，Wikipedia.org，另见 http：//en.wikipedia.org/wiki/? Code-termination_ in_ Germany。
② 史蒂夫·福布斯："你是他们的银行吗？这是我，麦克·梅奥"（采访麦克·梅奥，里昂证券董事总经理），Forbes.com，2012 年 2 月 15 日。

超过 35 个小时。警察通常会检查公司停车场车子的车牌，以确信他们没有待在公司超过必要的 7 小时。

法国社会主义政府实际上认为，如果每个人工作时间更短，公司就会招更多的工人。任何有实际业务经验的人都知道，公司不可能通过让人们干更少的活而创造就业机会。如果你有一款成功的产品，需要更多雇员来帮助满足需求的话，你才会创造就业。

毫不奇怪，法国成了一个死气沉沉的经济体，经济增长勉强在 1% 以上，失业率超过 10%。该法案在尼古拉斯·萨科奇任总统期间得以放松。但这也让劳工更加昂贵，超过 7 小时的工作就被认为是加班。

美国的企业家在历史上的大多数时期都没有遭受到这种微观管理的约束。不过遗憾的是，现在这一点也正在发生变化。在《奥巴马医改方案》之下，联邦政府告诉保险公司必须提供怎样的保单和只能收怎样的保费。人们可能已经注意到了，《多德—弗兰克华尔街改革与保护法案》给政府更大的权力去关闭一家金融企业。而像国家劳资关系委员会（National Labour Relations Board，NLRB）这样的政府机构正在告诉波音这样的企业如何以及在哪里运营其业务。

恰好波音公司没打算将工作岗位分包到境外，或者搬家。波音仍在其本部华盛顿州制造大部分的梦想客机（Dreamliner）。国家劳资关系委员会反对波音为满足日益堆积的订单在没有工会的南卡罗来纳州设立新厂。该委员会在拿到这家飞机制造商在西雅图招收更多工会会员的承诺后，决定退让了。这种干预行为开了一个让人不安的先例：如果政府可以指挥这个国家的某家公司在哪里运营，那它下一步还会再做什么呢？

记者兼福克斯商业新闻评论员约翰·斯陶赛尔（John Stossel）也曾经抱怨过，不计其数的保护安全法规对于创新恰似冷水灌顶。他问道，这些法规真的必要吗？斯陶赛尔指出，天然气广泛用于家庭取暖，大约每年杀死 200 名美国人。我们能否想象，如果这样一种"灾难性的"能源今天才被利用，会有怎样的状况？那么游泳池如何呢？

（游泳池）每年要杀死1 000名美国人。我想，如果这些游泳池今天还不存在的话，政府不会再允许开游泳池了。那么，那些有1吨重、16岁的孩子就可以在脚踏板的方寸之间进行驾驶和控制，以及驾驶期间不停地向外界排泄有毒气体的运输工具呢？我想如果是这样的话，小轿车可能永远也不会离开图纸画板变成现实了。①

大政府制造短缺

大政府的法规不只是会妨碍鲜活的大思路的产生，而且还会扰乱一个经济体的决策和解决问题的能力。这也是为什么指令型经济常常造成连基本的生活必需品也匮乏的原因。

朝鲜的食品非常短缺，1990年代有300万人饿死。2011年，该国向大约40个国家求助，要求更多援助（但其中大部分却被挪作军用）。大范围的营养不良缩短了人们的寿命。朝鲜人的身高平均比韩国人矮3英寸。

1990年代初，当时高科技企业家和博主约瑟夫·皮卡访问莫斯科时，情况相当糟糕，纯粹的生活必需品如水果、蔬菜以及厕纸等，普通百姓是买不到的。

即使是政府办公楼里，你如果幸运的话可以找到厕纸的替代品，即用旧报纸裁成的厕纸，放在悬挂于厕所门后的临时性三角形纸容器里。②

---

① 约翰·斯陶赛尔："监管的真正成本"，2001年2月20日发表于佛罗里达州迈尔斯堡希尔斯代尔大学的演讲，另见http：//www.hillsdale.edu/news/imprimis/? archive/issue.asp? year=2001&month=05。
② 约瑟夫·皮卡："永远的短缺"，Renew America.com，2010年3月16日，另见http：//www.renewamerica.com/columns/pecar/100316。

短缺的一般性原因是大政府的价格管制。政府着意于限制"贪婪"与"欺诈"。但记得吗？价格与利润是市场告诉人们哪些产品和服务受到欢迎。没有了这些关键的信息反馈，生产商不知道怎样聚焦其创造力。他们不能与市场互动，结果是没有能满足市场需求的足够的产品，或者因价格人为压低而形成短缺。

大政府的指令常造成短缺的另一个原因是，政客们通常以限制来对待问题。相比而言，自由市场存在的问题的解决方案大多是靠**创造一些新东西或者增加供给**。我们举个电话广告作为例子。政府的解决方法是让人们把他们的名字列入谢绝来电名单中。问题是，这并没有杜绝那些打扰电话。非营利性机构仍允许打广告电话，好多机构都在打。

而电话公司有它自己的解决方案：它给客户提供来电身份和语音信箱等功能，让人们能够识别这些电话。这些技术让客户拥有更大的自由度和灵活性，这也意味着制造与销售新电话的公司的工作岗位得以保证。

官僚机构很少以企业家解决问题的方式回应问题。当纽约城的大都市交通转运局（Metropolitan Transit Authority）预算紧张时，它就取消一些公共汽车服务，结果帕梅拉·高林斯基律师突然发现没办法去上班了。高林斯基和一些通勤的同伴找到了一个解决办法，即帮助一位私人运营者在沿线开辟一条中巴服务线路。但政府机构很快又将其关闭了，因为运营者属无照经营。①

大政府的倡导者坚持认为，政府的管理规定保护了公众利益。但监管、税收、价格限制归根结底都是管控。管控总是意味着更少的供应，而非更多。

大政府如此扼杀创新：美国食物、药品管理局（FDA）的案例

美国食物、药品管理局（FDA）已成为大政府扼杀创造与革新的重要

---

① 安德鲁·格罗斯曼："大都市交通转运局撤并公交，改变了线路"，WSJ.com，2011年7月11日，另见 http: //online.wsj.com/article/SB10001424052702303544604576434221173854468.html。

例证。我们需要安全的药物，这是 FDA 得以创建的原因。但这所拜占庭式的官僚机构的所作所为长期以来已越过了理性与常识的界线。

FDA 拜占庭式的纷繁复杂且极其昂贵的审批体系极大地干扰了药物的研发。因为有 FDA 的管理迷宫，因而投放一种新药到市场上所需要的时间（按年计）几乎翻了一倍——从 1960 年代的 8 年到现在的 15 年。单是一种新药的审批成本就可以高达 10 亿美元。

政府机构这种超级谨慎的态度可以归结为政治上的计较。如果 FDA 批准的一种药剂发现了非预期的负面作用，那么审批官很可能会受到国会的严厉盘查。对于官员而言，与其让自己的职业生涯承担风险和承受国会里蛊惑人心者的苛责，还不如让人们死于新药匮乏。

公司对此的反应就是生产的新药减少了。自然科学记者罗纳德·贝雷（Ronal Bailey）在《理性》杂志上报道，1996 年 FDA 批准了 33 种新药，到 2010 年该数字下降了一大半。①

制药商需要收回花费在这些新药上的数十亿美元的投入，因此常常被医药行业批评家抨击为"贪婪"。新药研发者更加重视受众多、比较轰动的药物的研制，而回避那些针对大众知之甚少但情况比较严重的疾病的药物。

公司的另一项策略就是对现有药物略作"调整"，形成一种 FDA 认可的"新"药剂，这样就可以拿到额外延长的专利保护，避开行业一般性公司的竞争。比如，用这种方式重新配制的药物让制药商拿到了唉索美拉唑（Nexium，中和胃酸的药物），而实际上它只是奥美拉唑（Prilosec）的变形。

FDA 纷繁复杂的管理流程正在加剧药物的短缺。2011 年春，大约 250 种药物被报道供给不足，而 2006 年这种情况只有 70 种。②

---

① 罗纳德·贝雷："政府药丸"，Reason.com，2011 年 1 月 25 日，另见 http：//reason.com/archives/2011/01/25/government‐pills。
② 切尔西·科纳博伊："医疗领袖抗议药品短缺对病人造成威胁"，载《波士顿环球报》，2012 年 2 月 14 日，另见 http：//articles.boston.com/2012‐02‐14/metro/31054263_1_drug‐shortages‐drugs‐in‐short‐supply‐doxil/2。

医生们第一次遇到广谱抗菌药的短缺。之前像盘尼西林这样的药物曾在支原体肺炎和肺结核这类疾病中广泛使用,因而拯救了数百万人的生命。国会议员亨利·沃克斯曼(Henry Waxman)把制药业不能开发出一种可靠的新一代抗生素归为"市场失效",但实质上这是官僚机构导致的失效。

一种新药获得批准后,FDA 对行业的管束仍未结束。约翰·古德曼(John Goodman),一家公共政策智库(国家政策分析中心)的总裁,曾撰文写道,FDA 僵化的"生产控制"的本意是要强化药物生产的质量控制,但实际上却放缓了药物的生产进度,进而延长了急需药品推广和使用的时间:

> 制药商拟订的生产某一种药物的计划以及时间表,首先必须要申请批准。即使(由于 FDA 关掉了一家竞争药商的工厂)某种药物短缺的形势正在形成,一家药厂在获得 FDA 批准之前仍然不能增加这种药物的供应量。同时,药厂在获得 FDA 批准之前也无权更改其生产时间表(以便更早生产出短缺药物)。[1]

这些官僚主义的法规,古德曼说,正在给一些关键药物造成短缺,包括用于治疗某些致命癌症、心脏病以及意外事故的药物。

> 约翰·霍普金斯癌症中心的医生们正争取获得阿糖胞苷(cytarabine)的配额,该药品被用来治疗白血病和淋巴癌。他们真的是在决定谁生谁死。该药在斯坦福、威斯康星和内布拉斯加大学医疗中心均告短缺,而在俄克拉荷马和马里兰的大型医疗中心也早已告罄。[2]

---

[1] 约翰·古德曼:"监管造成的死亡",国家政策分析中心,2011 年 6 月 20 日,另见 http://healthblog.ncpa.org/death-by-regulation/。
[2] 约翰·古德曼:"处方药缺陷:监管可以是致命的",医疗事务博客,2011 年 6 月 8 日,另见 http://healthaffairs.org/blog/2011/06/08/rx-drug-shortages-regulation-can-be-deadly/。

药物代理也可以通过人为制造药物垄断而提高药物成本。一种不贴标签的、用来控制未来妈妈早产风险的药物"17P"就是这样的情况。多年来17P都是由非正式合成孕酮的厂商生产的，常常用于低收入的病人。它很便宜，一剂大约10~15美元。最终，一家叫Hologic的公司拿到了这种产前孕酮的FDA批准配方。这使该公司获得了这种药物的独家生产权。之后该药物又转售给了另一家制药商凯-维制药（K-V Pharmaceutical）。最终凯-维制药因为拥有独家生产权，因而大幅度提高了这种另名为乙酸羟孕酮（Makena）的药物的价格，翻了100倍。现在不是一剂10~15美元，而是要一剂1 500美元，每名孕妇差不多要花掉30 000美元。①

这造成一时间的民怨鼎沸，其实毫不奇怪。政客们和行业团体控诉这家公司欺诈。但凯-维制药的贪婪是FDA监管的直接后果。证明一项药物是否安全是一回事，但FDA超出自己这个基本使命的范围，给予凯-维制药对现有药物进行垄断的权力。美国《专利法》在一种新药物面市后会授予制药商8~12年的垄断期。乙酸羟孕酮不是一种新药，而是一种由FDA批准的人工合成孕酮的药，这是一种已经广泛使用的药物。②

如果FDA准许自由市场上的药物创新，那么凯-维制药就不会把乙酸羟孕酮卖出天价。自由市场之力——自由竞争——会压制"贪婪"。最终事情的暴发和公众的抗议迫使FDA改变法规，允许更广泛的市场竞争。③制药商被允许继续合成这种药，该药物的价格应声回落。那些参与推动此项方案的人认为他们战胜了一家贪婪的公司，而实际上是为促进自由市场的竞争和反对大政府的限制赢得了宝贵的一分。

---

① 罗伯·斯坦恩："批评家猛烈抨击FDA的成本——预防早产的批准药物"，载《华盛顿邮报》，2011年3月28日，另见http：//www.washingtonpost.com/national/fda-approval-of-drug-to-prevent-preemies-prompts-price-jump-from-10-to-1500/2011/03/04/AFmRo6qB_ story.html。
② 同①。
③ 彼得·洛夫特斯："凯-维制药在抗议声中大幅降价"，载《华尔街日报》，2011年4月1日，另见http：//online.wsj.com/article/SB10001424052748703806304576236980798831262.html。

军事创新？ 是的，但……

是的，军事领域也会有创新。没有谁能否认寻热导弹或隐形飞机技术上无可比拟的多样性，以及美国海军超级航母的威力。但这种创新来自资金与资源的惊人投入。

例如，合同的签订具有高度的政治性。为什么军工企业会争相雇用将军和海军司令？为了能有线索通入从事武器研发的秘密机构内部。国防合同是基于无人言明的交换条件：不管项目是一架新飞机、一艘轮船还是一个武器系统，中标者一定要将工程转包给国会选区下的若干供应商。新罕布什尔州的国会代表团批准了洛克希德的F-22战斗机项目，因为该飞机的大部分将在该州生产（奥巴马总统之后取消了这一计划），偶然吗？

政府一贯拒绝非军方机构制造的武器，坚持一个已失败的武器制造系统（如越南时期的M-16来复枪），这方面政府已臭名远扬。开发M-16就是给步兵一种在战场上能够快速开火的武器。而在越南战争的早期，M-16却是著名的卡壳武器。即便如此，军方也极不愿意作出必要的调整或者废掉该武器而尝试新型武器。

国防部的采购系统极其陈旧落伍。专家们注意到，采购系统极其官僚主义，让新武器系统的研发增加了年期和更多的额外费用。哪家公司要是用了这种老旧的系统，就绝无可能在私营领域中进行竞争。

有许多军用技术，如若没有企业家的参与和努力，就永远也不会提升和改变。互联网是1960年代末由国防高级研究项目局（Defense Advanced Research Projects Agency，DARPA）发明的，用来方便研究数据在大学间的传输，以及国家在受到核攻击时作为备份通信网络使用。而如今，我们所熟知的互联网只是在政府允许的私营公司网络方案（Network Solutions）介入后才开始研发的，并自1990年年初开始销售域名。仅仅5年时间，注册在个人及企业名下的域名数就突破了200万，互联网时代开始到来。政府发明了网络，但私营部门却将其转为革命性的通信媒体与当今强劲的工作岗位创造者。

大政府用"鼓励"政策扼杀创新

在自由市场下，企业的创造力是对真实世界客户需求的响应。看看杯架如何进入德国车的例子吧！德国的汽车制造商痛恨车内杯架的主意。在严苛而细致的德国文化里，人们本来就不该在车里吃东西或者喝饮料。从他们的观点看，在车里吃喝是很邋遢的做法。但他们还是安装了车内杯架，因为他们很想让他们的车型打入广阔的美国市场。不仅如此，德国的工程师们还投入了大量的精力与时间，设计出了一款更好的杯架——一个能够支撑一杯16盎司咖啡或者一个大号塑料水杯的架子。

大政府也想鼓励创新，但它即使通过税收减免和补贴的政策（如果曾经有过成功的例子的话），也很少能够真正催生出草根创新来。雪佛兰Volt就是一个很好的例子。2007年Volt作为一款概念车首次出现。2009年通用汽车接手后，公司管理层让Volt作为其宣传活动的核心，以创造出"绿色"的工作和科技。

Volt是为了实现新的奥巴马政府提出的"到2015年在公路上发展100万辆插入式混合动力车……能够每加仑汽油跑150英里"目标的第一步。联邦政府通过赠款和低息贷款的方式在其开发上投入了数十亿美元的纳税人的资金。为Volt提供电池的韩国制造商获得了1.5亿美元。补贴Volt购车人的钱花得更多，每人的免税额为7 500美元。

这看起来当然是政府在为创新提供资金支持。但通用汽车在急着取悦政府和让汽车上市的时候，却忘记了满足汽车使用者的日常需求。Volt是要花大价钱来买的小型车——第一辆车售价4.1万美元（税收减免前）。汽车使用其"绿色"电池跑不了多远，每25~30英里需要重新充电——低于美国人的平均来回通勤距离。更糟糕的是，电池测试时还发生了"热力事故",电池着火了。

Volt 的电池每晚充电时只需要 1 美元的电费。但正如一位批评者所言,"4.1 万美元的电动汽车与一般紧凑型汽车的大约 2 万美元的差价能买不少汽油了"。① 无疑,Volt 失败了,生产线于 2012 年正式停产。

Volt 曾经得到过令人羡慕的媒体评论和来自环保主义者的褒扬。但最后它却只是一个伪创新。它没有让交通更有效率和更便宜,而是更低效和更昂贵。尼桑曾经在开发"绿色"科技时收到纳税人的补贴,但其开发的电动轿车树叶(Leaf)却更糟糕。

汽车市场上有很多车型因为没能满足消费者的需求而消亡了,最经典的案例是福特的 Edsel。真正的道德问题是:大政府应当使用纳税人的钱投入到伪装成"创新"的政府项目上去吗?正在艰难经济环境中挣扎的美国人应当挤出 7 500 美元补贴给每一位"绿色"汽车的消费者,而该车的主要成就就是让消费者觉得堵心吗?

即使政府官员们拥有一些完善的理念,官僚机构的政治特性也会让这些理念难以实施。早在 1960 年代,法国政府想要推动其高科技产业的发展,设立了由大型主机电脑搭建的计算中心。想法不错,但实际执行时却由于成本与技术上的困难而宣告失败。若干年后自由市场以网络个人电脑的方法(人们最新采取了云计算的方式)做成了。

大政府的官员们很少有人理解,人们以及各类市场需要有自由的空间来进行成功的创新。于是他们想通过指令与管控的手段带来创新。但这种做法从来都是无效的。著名的案例就是 1996 年《电信法》的"强制接入"条款。立法者希望给传统电信公司引入更多的竞争对手。他们要求地方贝尔运营公司,如 Verizon、BellSouth 以及 SBC 通信,以补贴后的低费率向新成立的公司分享它们的网络。但接下来呢?该法案造成了如 McLeodUSA、XO 等许多小公司的蜂拥而入。这一人为制造出来的行业最后垮掉了。政府

---

① 吉利安·肖:"喂,这是你的雪佛兰 Volt,你忘了插上电源了,大笑",载《温哥华太阳报》,2011 年 4 月 2 日,另见 http://www.canada.com/story_print.html?id=6343c7d8-0fea-4f17-839f-6f9b7d5a48d1&sponsor=。

提倡的政策动议中唯一真正发挥作用的是去管制化，例如，政府指令造成的 AT&T 电信垄断的最终打破。

大政府的补贴造成的危害常大过其提供的帮助。大政府没有使用纳税人的钱去帮助亨利·福特。这家汽车行业的先驱开发了 T 型汽车——大众可以买得起的汽车。福特公司所使用的资金大多来自底特律的木材大亨威廉·墨菲和其他一些投资者。

这就是自由市场自发形成的创新。公司和个人在他们认为会成功的新想法上投资、冒风险，然后市场根据这些投资取得的效果挑选出优胜的技术。

能够如此细致地提出新想法就是美国在科技领域领先世界的关键。但这一自然选择的过程一旦政府参与就不再发生了，真正的创新就会受到阻碍。

著名作家兼高科技行业观察家的乔治·吉尔德说，当政府发放补贴或者给出刺激政策时，私营部门的投资者倾向于跟随。资本更倾向于投向获得政府批准的"赢家"——政治偏好者，而躲避可能真正意义上更重要的创新。

这就是当前硅谷正在发生的情况。吉尔德担心，开发"绿色"项目的政治压力与政府补贴正将资源引向低效技术和前景有限的领域。

> 太阳能电池板虽然也是由硅做成的，但这些电池板不是数字型的，不会像微电路板上的晶体管一样受"摩尔定律"的作用而受益于不断微缩的"魔法"。还没有一种合理的方法能够改变太阳光的波长，以使其适应尺寸小得多的感光器的规格。生物燃料的前景更加暗淡。即使是所有美国人都不吃饭［平均每人能省下大约 100 热瓦特（thermal watts）］，并把我们现在的所有耕地都贡献给生物燃料，其产出也还不能填补我们能源总需求的 2%。①

---

① 乔治·吉尔德："加利福尼亚的破坏性绿色工作岗位游说"，载《华尔街日报》，2010 年 11 月 16 日，另见 http: //online. wsj. com/article/SB10001424052748703305404575610402116987146. html。

曾经一度融资给真正的创新者（如苹果、亚马逊和谷歌）的风险资本公司，正不断地投资于可疑的"绿色"小公司。吉尔德写道："好多公司都拥有精妙的技术，也雇用了上千个聪明的工程师，但结果事与愿违。"[1]

硅谷和旧金山成为活跃的创新中心，恰恰是因为那里没有政府扶持计划——创意不佳的公司可以倒闭。许多观察家担心，当前大政府的"绿色"补贴人为地支撑起了一些公司和技术，但最后都会在技术领域里重蹈雪佛兰Volt的覆辙。政治会挤掉真正的创造性。大政府不让高科技行业从失败中学习，就会压制创新。硅谷，这一数十年来美国工作岗位的创造者和繁荣的引领者，可能会步底特律的后尘。

---

[1] 乔治·吉尔德："加利福尼亚的破坏性绿色工作岗位游说"，载《华尔街日报》，2010年11月16日，另见http://online.wsj.com/article/SB10001424052748703305404575610402116987146.html。

第4章

是工资还是食品券？

要授权还是去依赖？

自由市场给人以力量。自美国建国以来，其自由社会就培育了这个国家所必要的企业家精神。美国人到新世界后，面临饥饿与疾病的挑战，他们必须学会生存，否则就会快速死亡。但生产生活必需品并非唯一的动力来源。自由让人们释放其能量、敏锐其技能、追求其梦想，并收获其回报。对自由的空间和生活必需品的追求让人们努力发展自己的能力，增进自己的知识。这会形成一种哲人所谓的"自我管理"，一种成为自己的能力，一种在社会中独立思考和负责任行为的能力。洛约拉大学国家商业道德中心的尼古拉斯·卡帕尔蒂将"自我管理"视为"我们最伟大和最终的客观善行"。[①]

类似地，自由市场给企业授权。为了在市场上取得成功，企业必须持续不断地改善效率和业绩。退步与挫折可能是痛苦的，但这些经历能教会人们和公司去调整以做得更好。失败曾经让许多最伟大的企业家获得力量并继续向前，以取得他们最大的成就。

给予授权正是美国一直是来自全世界人们的机会之地的缘由。各种国籍的数以百万的人来到这里寻求独立发展的空间、个人境遇的改善，即找到能够发现自己能力、发挥自己能力的空间。

[①] 尼古拉斯·卡帕尔蒂："自由市场的伦理基础"，载《私营企业杂志》，第1号，第14页，2011年秋。

我们需要政府确保个体的这种权利，让人们能够发挥自己的能力。但当政府人为地支持某些个人和公司时，就会造成人为的被动性，从而保护了传统的做事方法。人们不再致力于解决问题、提升技能以及改善产品和服务。意图保护人们免遭风险的政府项目和管理规定隔绝了人们与错误决策后果关联的关系，让人们去承担风险从事破坏性更大的事情。2008年房地产泡沫破灭与金融崩盘显示，当大政府的各种项目制造了广泛的依赖行为时，就可能会发生系统性的灾难。

对政府的依赖制造了一种特权文化。企业家冲动受到压制。资源不再投向创造财富有效率的企业，而是投向大政府官僚机构的政治项目。这种依赖性文化拖累了经济，腐化了公民社会。努力与回报之间的关联被切断。人们失去了为自己做事的技能与愿望。

政治家们很擅长向选民推销如下想法：必须要由大政府提供安全保障。但从"摇篮到坟墓"式的社会福利和其他形式的政府支持也带来一些十分高昂的代价：高失业率，较少的机会，低生活水平，社会不满与不协调。在欧洲的社会福利国家，为支撑官方机构的社会福利安排而征收的摧毁性税收造成了数十年的经济停滞。像希腊和意大利这样的国家，均出现了财政危机和社会不安定的状况。

前白宫发言人纽特·金里奇在争取共和党提名时曾说，在更少或者更多政府职能之间的选择实际上就是在工资和食品券之间的选择。我们需要抉择：是要一个鼓励自我管理的、企业与个人共同进步的社会，还是要一个陷入特权与依赖性的停滞文化的社会？美国到底想要成为怎样的国家？

终极追问：人们发展自己的天赋，学会如何提升自己的能力，难道不比陷入对政府的依赖要更好吗？

给别人以回报，就能收获更多

美国人是富有同情心的。半个多世纪以来，人们已经认可了这种观念：

在一个人性化的社会里，大政府必须拯救那些身处困境的人。但结果却是越来越多的人开始依赖政府。根据传统基金会发布的政府依赖性指数，"6 730万美国人，从大学生到退休人员，再到社会福利领取人，要依赖联邦政府才能获得住房、食物、收入、助学金或者其他形式的帮助，而这些东西原本是个人、家庭、邻居、教堂以及其他社会机构的责任"。2010年，花在每一名依赖政府的受救济者身上的钱已超过美国的人均可支配收入。①

而所有这些花销都没能消灭贫困。许多专家相信，这些花销让贫困长期化了。毕竟，如果某人因为某种情形而给人家支付报酬，那他经常就会"收获"到更多这样的情况。

《商业新闻》评论员及专栏作家约翰·斯陶赛尔最近让不少人很恼火，因为他指出，缺乏政府的援助绝不是一直以来让美国土著居民受苦受难的原因。

> 一直以来，美国政府对任何团体的援助都赶不上对美国印第安人的援助。当奥巴马总统出现在印第安人团体面前说"谈到美国土著居民，他们中没有人曾受到华盛顿的忽视"之类的话时，我觉得非常震惊。
>
> 忽视？你在开玩笑吧？他们真是好幸运。政府已经把大多数印第安部落搬进了国家"监护病房"。政府管理他们的土地，提供医疗保障，为他们的住房与子女付钱。20个不同的政府部门和机构都有特别的"美国土著"项目。②

斯陶赛尔指出，这些援助的结果是一代又一代土著居民的不满与怨恨。

---

① 威廉·比奇和帕特里克·泰瑞尔："2012年政府依赖度指数"，《特别报告104号》，传统基金会，2012年2月8日，另见http://www.heritage.org/research/reports/2012/02/2012-index-of-dependence-on-government。
② 约翰·斯陶赛尔："政府制造贫困"，理智基金会，2011年4月28日，另见http://reason.com/archives/2011/04/28/government-creates-poverty。

66%的美国土著居民由单亲母亲所生，他们与美国其他贫困阶层相比属最贫困的一个阶层，寿命最短。斯陶赛尔将这一情形与鲜有人知的拉姆毕族人（Lumbees）进行对比，后者是住在北卡罗来纳州的土著居民，但从未接受过政府的援助。他们拥有一段成功的经济发展故事。

卡托研究所的丹尼尔·米契尔指出，在1960年代启动消除贫困行动之前，贫困率实际上是下降的。而自约翰逊政府启动大规模开支计划以消除贫困以来后，贫困率实际上保持在12%～13%的水平且很少变动，直至经济衰退，贫困率略微攀升至15%以上的水平。① 大政府的庞大开支并没有改变很多事情。

这也是《纽约时报》记者迈克尔·简诺夫斯基（Michael Janofsky）1998年再度访问阿帕拉契亚（Appalachia）地区时所发现的。该地区一直是数十亿美元的约翰逊计划下的州及联邦政府的援助对象。他写道，衰败的农村地区"看起来就像30年前一样"。肯塔基州的邦尼维尔仍然贫困，因其像第三世界国家的外貌而被称作"胡志明市"。简诺夫斯基写道，"许多住房是简陋的木棚子，用木材或煤取暖。孩子们光着肮脏的小脚丫到处跑。许多人都没有电话和汽车"。②

大政府的福利计划对非裔美国人而言毒害尤深。安德鲁·伯恩斯坦是自由市场作家及纽约州立帕切斯学院的教授，他指出，大规模的政府福利计划延缓了黑人自第二次世界大战以来稳步改善经济的步伐。而他并不是唯一持这一观点的人。

当年美国的黑人们逃离吉姆·克劳时代的南方，他们开始在比较自由的北方不断取得上升的经济地位，进入中产阶级行列。他们的孩子可以上

---

① 丹尼尔·米契尔："夸大贫困以收获政治利益"，国际自由（博客），2011年7月19日，另见 http：//danieljmitchell. wordpress. com/2011/07/19/exaggerating – poverty – for – political – gain/.
② 迈克尔·简诺夫斯基："悲观主义再次攫住阿帕拉契亚的穷人"，载《纽约时报》，1998年2月9日，另见 http：//www. nytimes. com/1998/02/09/us/pessimism? – retains – grip – on – appalachian – poor. html? pagewanted = all.

更好的学校，获得更多的工作机会。贫穷的黑人家庭比例在1960年下降了47%，之后10年又下降了30%。这对美国黑人而言是一种巨大的成就，但很少有人了解这些情况。可约翰逊总统的"伟大社会"福利计划实施后，黑人群集区的经济进步急剧放缓。虽然会有一些黑人家庭摆脱贫困，但速度锐减。1980—1995年的15年间，黑人家庭处于贫困线之下的比例从原来的29%略微下降到了1995年的26%。①

有限政府的倡导者，包括建国的国父们以及当代著名经济学家米尔顿·弗里德曼，他们认为一个人性化的社会应当向贫穷的人们提供帮助。本杰明·富兰克林相信，慈善应当帮助人们站起来。但这不是大政府帮助弱势群体的方式。太多的情况是，政府采取自动支持和持续支持的方式提供帮助，而接受帮助的人却不一定正处于危机之中，救助的标准可能仅仅是"低收入"。

不仅仅是市场派人士，很多自由派人士也同意这些计划失败了。我们所知道的福利，比如说之前对有未成年孩子家庭的援助，在比尔·克林顿总统时期的1996年被大规模削减了。

大政府的"企业福利"也没有达成效果。自2008年大萧条以来，农场主们一直可以拿到补贴，以此弱化农作物价格过低的影响。传统基金会指出，这让农作物价格回落至更低的水平。"给种植了最多农作物的农场主发放大量补贴只会鼓励他们种植得更多，驱使价格跌至更低，而这又需要更大规模的补贴"。② 而这些补贴一直持续发放了数十年，虽然小农场主的时代早已成为过去。今天领政府补贴的是商业化运作的农场，其平均净资产为200万美元。

---

① 安德鲁·伯恩斯坦："资本主义下的黑人创新者和企业家"，载《自由人》，第10号，2001年10月，另见 http：//www.thefreemanonline.org/featured/black - innovators - and - entrepreneurs - under - capitalism/。

② 威廉·比奇和帕特里克·泰瑞尔："2012年政府依赖度指数"。

协助还是教会？

依赖于大政府只会让问题长期化，因为这妨碍了人们寻找解决问题的办法。

2010年，在经济衰退最高潮的阶段，一项将失业保险金由26周延长至99周的提议掀起了激烈的争论。反对者被指责为缺乏同情心。典型的人物是《纽约时报》的保罗·克鲁格曼，他写道，"我们正在面对一个无情者、愚蠢者和迷惑者的联盟"。①

克鲁格曼可能需要考虑一下《纽约时报》上有关丹麦历史上的一则故事。用《纽约时报》自己的话说，这个社会福利民主国家一直以来被认为是"地球上被失业者的最佳生活地区"。② 直到最近，那里失去工作的人们都能拿到**四年**的失业金。但是，处在衰退之中的丹麦于2010年将其奢华的福利减半了。为什么？不仅仅是因为丹麦政府的财政也受到全球经济危机的影响，不能再支付这些钱。而且更重要的是，根据《纽约时报》的报道，丹麦人发现延长失业金将拖延就业市场的复苏。

> 对丹麦的研究表明，一个人失去工作时间越久，他就越难找到工作。许多人在失业之后的头3个月内找到了工作，但更多的人却一直等到福利即将到期才决定签约找工作。③

丹麦研究人员发现，不管失业救济是给四年还是给五年（就像政府曾

---

① 保罗·克鲁格曼："惩罚失业者"，载《纽约时报》，2010年7月4日，另见 http://www.nytimes.com/2010/07/05/opinion/05krugman.html_ r=1。
② 丽兹·阿尔德曼："丹麦为何要收缩其社会安全网络"，载《纽约时报》，2010年8月16日，另见 http://economix.blogs.nytimes.com/2010/08/16/why-denmark-is-shrinking-its-social-safety-net/。
③ 同②。

一度做的那样），人们总是在政府支持即将到期的不久前才找到工作。丹麦经济学家斯廷·博西安（Steen Bocian）告诉《纽约时报》的记者，政府的福利让人们只寻找"人们想要的工作"，而不是在积极寻求"所有能得到的工作"。丹麦的失业福利政策实际上鼓励了失业，让人们可以延迟做出什么才是想要的工作这一艰难的抉择。①

另一个更有说服力的例子来自德国——欧洲最大的经济体。几年前，这个长期以来的福利国家对《劳动法》作出了较大的改革。"在今天的社会民主德国，一名失业人员只能拿到资本主义美国对应人员一半的福利，"经济评论家唐纳德·拉斯金（Donald Luskin）和政策分析师劳坎·洛克·凯利在《华尔街日报》上撰文指出，"因而德国的失业率现远远低于美国"。②

由政府支持的企业同样会拖延对挑战的应对。斯坦福大学胡佛研究所的保罗·罗德里克·格利高里相信，奥巴马政府对通用汽车公司和克莱斯勒汽车公司的救助弊多利少。政府的钱让这些公司不必处理它们自身的关键问题——工会劳工成本问题。他指出：

> 根据法律原则的破产处理可能比奥巴马政府的救助更能"拯救"底特律，奥巴马政府的救助会让通用汽车公司处于联邦政府的直接指令之下因而不能借贷，劳工成本奇高。奥巴马政府对全美汽车工人联合会（UAW）的偏爱"提升了成本，毁掉了对该联盟进行重组的前景"。③

---

① 保罗·克鲁格曼："惩罚失业者"，载《纽约时报》，2010年7月4日，另见http：//www.nytimes.com/2010/07/05/opinion/05krugman.html_ r=1。
② 唐纳德·拉斯金和劳坎·洛克·凯利："欧洲的供应端革命"，载《华尔街日报》2012年2月17日，第A13版，另见http：//online.wsj.com/article/SB10001424052970204792404577225301719346924.html。
③ 保罗·罗德里克·格利高里："美国航空案显示奥巴马政府的通用汽车救赎计划之腐败"，Forbes.com，2012年2月6日，另见http：//www.forbes.com/sites/paulroderickgregory/2012/02/06/american‐airlines‐shows‐the‐corruption‐of‐obamas‐gm‐bailout/。

别搞错，在这一成本高昂的行业崩盘之时，大量工作岗位丧失了。格里高利写道：

> 奥巴马政府没能挽救通用汽车公司的工作岗位，但挽救了全美汽车工人联合会的薪金标准和养老金。全美汽车工人联合会的会员离开工作岗位后带走了2.5万美元的一辆新车和2万美元现金（克莱斯勒汽车公司的员工离开时带走的要多得多）。①

格利高里对比了大政府对通用汽车公司及克莱斯勒汽车公司的救助与美国航空公司2011年开始"正常的"破产重组的过程。无疑整个过程非常残酷：工人工作岗位丧失；美国供货商和贷款人承受了坏账损失；股东权益最终失去价值；飞行员和工程师的薪水和福利都下降了，还要面对更加严苛的工作规范。到所有这一切都完成之时，格利高里承认"到处都能感到痛苦的气氛"。但这里有一个重大区别，那就是，"这些决策都是基于商业判断，而不是基于政治利益。美国纳税人不用出钱，而且一位富有破产法经验的联邦法官控制着整个过程，不是由政客操作"。②

格利高里说，通用汽车公司和美国航空公司都裁掉了15%的工作岗位。但通用汽车公司从大政府的桎梏中走出后仍陷于劳工成本的问题之中，生产了失败的Volt车型，而美国航空公司经过流程改造后已经可以开始竞争了。③实际上，全美航空（US Airways）公司正希望与美国航空公司合并。

"道德风险"：依赖性侵蚀并降低你的决断力

大政府的项目和法规人为地把个人及公司与风险隔绝开来，就会造成

---

① 保罗·罗德里克·格利高里："美国航空案显示奥巴马政府的通用汽车救赎计划之腐败"，Forbes.com，2012年2月6日，另见http://www.forbes.com/sites/paulroderickgregory/2012/02/06/american-airlines-shows-the-corruption-of-obamas-gm-bailout/。
②③ 同①。

经济学家所谓的"道德风险"。人们更可能做出非理智决策,因为他们不必承担由此带来的全部后果。大政府不是去建立基本的、合理的"交通规则",而是去掉了"限速"和"交通信号灯"。当然,人们会发生交通意外。典型的道德风险的例子是,政府的洪水保险补贴鼓励了人们在危险的海岸线地区和洪水泛滥的区域重建家园。而你会在所有的政府项目中看到同样的风险鼓励效应。

住在阿帕拉契亚山脉地区、接受《纽约时报》记者迈克尔·简诺夫斯基采访的人本能地抓住了这一点。他们告诉记者,扶贫计划失败的原因不是政府给的钱太少,而是刚好相反。丹尼斯·霍夫曼,一名46岁的农夫,他告诉简诺夫斯基,"对贫困宣战是发生在阿帕拉契亚地区最糟糕的事情。这给人们一种方式,即可以不用做任何工作就能过得不错"。① 大手大脚的贫困补贴意味着失业也不再承受物质的匮乏,不再有赢得生活的需要。于是人们决定待在家里。

大政府不是道德风险的唯一制造者。购买住房保险和汽车保险,从某种程度上讲,也会让人们不太在意是否小心行事。如果出了事儿,你的保险公司会赔。比如,如果你购买了汽车保险,那你可能就不会太在意租来的汽车是否发生剐蹭。

但在私营领域,市场力量限制了人们走向糊涂的判断和过度风险承担的倾向。保险公司设置了一项激励机制,让人们更加谨慎,那就是收取更高的保费以承保更高风险的行为,或者在事故之后提高他的保险费率。那些滥用保单并且提出虚假索赔的人,不仅会冒着失去保障的风险,而且还可能被起诉。保险行业每年追查保险欺诈会花掉数亿美元。

大政府,就我们所知,缺乏市场的这种纪律性。不像是私营的保险公司,大政府常常免费提供支持或者以极低的成本提供支持。很少有机制,如果还算有,能够鼓励一名接受援助的个体采取更加负责任和更具谨慎性的财务行为。

---

① 迈克尔·简诺夫斯基:"悲观主义再次攫住阿帕拉契亚的穷人。"

大政府发起项目的规模也在表明，它造成了深具影响和更有破坏性的道德风险。次级按揭危机和其后的经济崩溃显示，大政府在经济体各个领域制造的道德风险引致的灾难有多么惊人。

为支持风险很高的按揭贷款和不具备资格借款的人借款，房地美和房利美向市场投入了上万亿美元的资金，为市场上规模惊人的风险承担行为和对政府的依赖性提供了便利。再加上美联储的低利率政策，结果更加糟糕。廉价的美元到处泛滥，贷款非常容易拿到，你只要比一时冲动稍好一点就有资格拿到贷款。购房者在贷款前需支付20%的首付款的原则也不再要求了。"不查收入的贷款（stated income loans）"成了普遍现象。只要求借款人讲讲他们的收入情况，而贷款人根本不会去核实。人们实际上可以填写任何收入数字，这就是为何这些贷款也称为"没有文件"或"撒谎者"的贷款的原因。佛罗里达州匹兹堡的一位无家可归的吸毒者成功地购买了五处房产。投机者冲进了市场。①

所有这些政策的最终结果是，大政府成为一场灾难级的风险承担的触发器——从金融机构借款和投资于高风险的按揭贷款，再到个人购买他们买不起的房子。

实际上，是大政府鼓励了人们承担巨大的风险，只是当美联储在上一个10年的中期提高利率时，才从大家的脚下抽走了地毯。按揭贷款利率开始上行，低收入人群发现他们付不起按揭了，就开始出现违约的情况。次贷市场的崩盘带来了2008年的恐慌和之后的衰退，而大政府的支持者们（包括许多主流媒体）却仍在谴责"贪婪的华尔街投机商"和"贪得无厌的借款人"造成了这场灾难。他们对鼓励过度风险承担的大政府政策在道德风险中的作用置若罔闻。

对次贷按揭危机健全且符合道德的反应是关闭房地美和房利美两家房产公司，鼓励回归传统的借贷做法，回复到一个更加健康的市场运作层面上。

---

① "投资者、穷人或者只是一个挂名人物？"载《坦帕湾时报》，2006年4月9日，另见 http：//www.sptimes.com/2006/04/09/Hillsborough/Investor_ _ or_ pauper_ o.shtml。

但奥巴马政府是一种典型的大政府，仍在步克林顿和布什政府的后尘，仍在做同样不负责任的和引发市场崩盘的贷款政策的激发者。

大政府道德风险与"不公平"大学学费的泡沫

那些所谓的贪得无厌的发放贷款的人，他们会觉得向不具备资格的按揭申请人发放贷款就是在积极地抢夺利益，好像有问题。这些放款人认为，他们是在资金宽松与利率较低时给了借款人一桩好买卖。想想看：为什么放款人会发放他们认为收不回来的贷款？这会危及他们自己的生存。这就引出了一个重要问题，即大政府通过鼓励好人做出糟糕的决策而制造了道德风险。回过头来看，这些决策极可能是不负责任的。但在一个被政府扭曲了的市场上，大部分人都会做出这种决策。我们在大学贷款的违约危机中也看到了类似的情况——一种类似于房利美和房地美式的、由政府制造的大学学费泡沫。大部分人，包括奥巴马总统，都将大学教育的高成本视作当然，他们很少思考政府在学费膨胀的过程中所扮演的角色。自从1970年代政府资金流入高等教育领域后，大学的成本令人吃惊地上涨了400%，是医疗成本上涨幅度的2倍。四年制私立非营利性大学的平均学费现在达到3.5万美元左右。①

恰似政府在住房市场所做的，大政府提供援助的目标是想让高等教育更让人接受得起。但随着贷款与捐赠资金（数十亿美元）的大量涌入，其对学费市场的影响非常类似于房地美和房利美的便宜贷款对住房市场的影响。这让各大学过度扩张，拉高了高等教育的成本，超出了大多数人的支付能力。

大多数学生上大学必须要贷款了。大约有2/3的学生毕业时有负债。学

---

① "大学教育的平均成本"，载《美国新闻与世界报道》，2010年8月24日，另见http：//www.usnews.com/opinion/articles/2010/08/24/the-average-cost-of-a-us-college-education。

生贷款的所有债务达到 1 万亿美元，超过了全国信用卡的贷款额。估计 2008 年毕业的 20 万学生中，每人负债超过 4 万美元，某些毕业生的负债高达 10 万美元。

当政府对一个市场的扭曲达到某种程度之后，商品与服务可能就偏离了其价值，各种行为也开始变形。当学生们用别人的钱上学时，他们倾向于花更长的时间完成学业，许多学生在学习那些为未来高薪职业做好准备的课程时压力变小了。最终的结果是，即使经济状况不错，成百万的大学毕业生毕业时还是没有准备好进入就业市场。受过大学教育的美国人"低就"低技能的工作的数字自 1960 年代以来翻了三倍，现在涨幅大体在 35% 左右。他们也没准备好归还贷款，违约的数量大幅增长。在 2003—2009 年间，违约率翻了近一番，由 4.5% 提升至 8.8%。[①]

学生沉重的负债和大幅提升的成本所造成的"不公平"一直是奥巴马总统及占领华尔街者感受到的一种社会性冤屈。在奥巴马总统的 2012 年国情咨询文中，他威胁说，如果各大学不降低其学费成本，它们将失去政府的资金。实际上，如果他让一个被政府资金扭曲了的市场恢复合理与理性，那他真的为每个人都做了一件大好事。

大政府如何扼杀关怀

大政府的计划项目不仅扭曲判断、激发破坏性行为、鼓励停滞，还阻碍了人性化社会的发育成长。实际上，大政府允许人们更少去关心穷人。

许多人现在相信，2008 年大萧条之前，美国人一直是忽视穷人的，而"同情心"则发端于 1930 年代福利国家的发展。但实际不对，美国人在大萧条之前是照顾穷人的，只是他们在做的时候缺乏政府的帮助。对贫困者

[①] 柯林·伊顿："经济蹒跚不前时，学生贷款违约率攀升"，载《高等教育编年史》，2011 年 9 月 12 日，另见 http://chronicle.com/article/Student-Loan-Default-Rate/128964/。

的关怀由私营领域的非营利性组织体系提供,从天主教堂到犹太教堂再到私营慈善组织。

在著名的《美国同情心的悲剧》里,作家及院士马文·奥拉斯基(Marvin Olasky)解释道,慈善一度曾是捐赠者与受赠者之间的一项交易,像是自由市场的所有其他交换一样,它是双向的。那些向穷人捐助的人常常以一种今天很少见到的个人参与的方式来进行。慈善捐赠在我们早期的历史上被认为有七项基本特征:"接纳、关联、分类、洞察、从事、自由和上帝。"慈善机构的志愿者们扮演着"家庭新成员"的角色,深深介入受赠者的生活当中去,提供情感支持,让他们彻底改变其生活方式。[1]

> 一个世纪之前,慈善志愿者不是被分派到大规模食品发放的任务中去,他们接受具体而深重的责任,通过几年时间让一个生命变得不同。善良与坚定均十分必要。1898年的杂志《美国的希伯来人》记录了一个人如何陷入依赖之中,而一名"非常耐心的"志愿者"让他相信他必须自食其力",不久他做到了,并赢得了他的家庭与社区的尊敬。相似的另一个例子是,一名妇女变得意志消沉,但"她被志愿者的善良和纪律影响了几个月后,她开始表现出自强起来的愿望"。[2]

那些接受过帮助的人,也需要真心改变他们的生活以作为回报。"回报"是双向的。这种方法可以增强社会群体间的关联性。奥拉斯基注意到,在150年前,只有亨利·雷蒙德(Henry Raymond)(《纽约时报》的创始人)担心通过政府机构发放慈善资金会削弱整个社会的同情心。他相信,如果不再让人们直接参与救助穷人的活动,会让普通市民"滋生漠不关心

---

[1] 马文·奥拉斯基:《美国同情心的悲剧》,第103页,华盛顿特区:Regnery Publishing, Inc., 1992年。
[2] 同[1]。

的情绪"。①

所有这些自1930年代早期开始改变了。大萧条所造成的大面积失业让社会承受了前所未有的苦痛，数百万人失去了工作，私营机构根本忙不过来。很显然必须要做点什么。用马文·奥拉斯基的话说就是，"许多政府项目让（慈善项目所具有的）道德意识……转为一种权宜之计"。② 但政府的行为却远超出了提供暂时性帮助的程度。实际上政府介入后将慈善行业的很大一部分国有化了，而那些短期应急的援助也永久化了。然后就是60年代的"对贫困开战"。政府援助不再被看做是一种"后备队"或"退一步寻求帮助的对象"，而成为一种权力。

从前由自由市场提供的社会服务现在由政府机构来完成，资金来自对纳税人的"强制慈善"。大政府把自己置于捐赠者与受赠者之间，从而转换或者说扭曲了曾经是一种公开市场交换的事情。慈善不再是自愿的和双向的。福利国家把"同情心"重新定义为冰冷的交换：人们被迫"交给"大政府的机构，后者则自动发放补助资金，将人们当做数字来处理。

社会福利机构更关心其自身内部的流程与需求，而不是那些他们应当服务的人们。那里有很多具备服务意识的个人管理账户，这些人为机构工作，既无道德概念，也没有主义和幻想。奥拉斯基引述了纳森内尔·丹福德（Nathaniel Dunford）的观点。他是《纽约时报》一名前记者，曾在"福利时代"工作于纽约城儿童福利管理局。这种折磨灵魂的工作他只能承受两个月。他回忆说，原本帮助别人的工作变成了官僚程序与文案作业。

> 我第一天要填的表格和要写的文档比我在《纽约时报》七年里见到的都多……案卷通常早上拿到……它们会从一个办公桌转到另一个办公桌，取得"附表"（案卷工作人员要填写的更多表格），它们最

---

① 马文·奥拉斯基：《美国同情心的悲剧》，第57页，华盛顿特区：Regnery Publishing, Inc., 1992年。
② 同①，第221页。

终抵达管理层，再等上几个小时和再增加几张"附表"。中饭休息是神圣不可侵犯的。这段时间，在这座城市的各个地区，想要帮助他人的孩子和有同情心的成年人却待在那里火冒三丈。①

丹福德最后退出了，他加入了一家私营机构。他把自己的故事写了出来，此后情况也基本没有改变过。2009年一项关于密尔沃基县儿童福利系统的研究发现，没精打采的项目管理人员脱岗率高达50%。有人说"待处理案件多和文案工作重是第一障碍。我甚至都见不到我的客户"。② 社会学家约翰·哈盖道恩（John Hagedorn）在1990年工作于密尔沃基的政府机构之后，撰写了《放弃孩子们：政府机构与儿童福利体系改革》一书。虽然他为人热情，但他认为让这些机构提供社会服务的想法是一种"迷信"，这些机构主要是"对必须提供资金的国家立法机关、对关注的公众和内部士气负责"。③

大政府不是创造了一个更有关爱的社会，而是在很多方面做了相反的事情。马文·奥拉斯基相信，政府的社会服务机构让每个人可以忽视穷人的问题而"不受良心的刺激"。毕竟大政府才是真正主要负责的。毫不奇怪，自从政府开始提供社会服务后，互助社区消失了；教堂在服务方面的开支下降了30%；提供给社会福利的慈善捐款下降幅度超过了一半。④

---

① 马文·奥拉斯基：《美国同情心的悲剧》，第189页，华盛顿特区：Regnery Publishing, Inc., 1992年。
② 克罗克·史蒂芬森："研究发现，看护工人觉得工作过重，缺乏支持"，载《密尔沃基-威斯康星哨兵报》，2009年5月27日，另见http://www.jsonline.com/news/milwaukee/46266767.html。
③ 约翰·哈盖道恩：《放弃孩子们：官僚机构与儿童福利体系改革》，第49页，芝加哥：Lake View Press，1995年。
④ 莱恩·麦斯摩尔："提议的慈善免税下调会挤掉公民社会"，传统基金会，2009年4月10日，另见http://www.heritage.org/research/reports/2009/04/proposed-decrease-in-charitable-tax-deduction-crowds-out-civil-society。

过度依赖于政府会侵蚀个人的自由

"一个政府的规模如果大到可以给你任何想要的东西，那他也能拿走所有你拥有的东西。"杰拉尔德·福特（Gerald Ford）总统如是说。胁迫和依赖是一枚硬币的两面。那些以"同情"之名推动了很多项目的实施、让大家更加依赖于政府的人，忘记了大政府的黄金规则：**拥有黄金的人制定规则**。

于是，当人们拿到"免费的"大政府医疗保障时，政府就会决定你能得到怎样的医疗，否则你根本得不到。食品券计划的"免费"饮食招待意味着某些你喜欢但官员们不喜欢的食物可能会遭到禁止。而如果你是一名艺术家，而且是从一家政治敏感的机构（如国家文艺基金会）拿到政府资金，则意味着你的艺术成果如果惹恼了政治家，则你就有可能失去资格或者拿不到钱。倡导大政府支持艺术发展的人也会呼吁建立审查制度，但真正的审查是在政府想要压制人们用自己的时间写作或创作自己的作品的时候。你在拿别人的钱的时候，就会有各种条件。

在金融危机期间对企业的救助也是同样的情形。大家还记得吧？乔治·布什在任期间的联邦政府逼迫所有大银行"接受"一项来自山姆大叔的"投资"，规模最大的那些机构突然每家收到了 250 亿美元，换发一种特别的优先股，而数百家其他银行则收到较低的金额。一家叫 BB&T 的机构，资产规模 1 650 亿美元，公开说它不需要钱，但政府却回答说这是 BB&T 作为一家受政府监管的机构所不能抗拒的。这家银行别无他法，只能接受。

银行救助为政府提供了一个"正当的理由"，可以去愤怒地打击各家银行，这是数十年所未曾见到的情形。总统抨击了"肮脏的"银行奖金。监管机构在告诫这些机构如何酬报其管理层时也变得更加强势。这些压力让摩根士丹利这样的银行缩减了奖金的规模，仅为往年的一小部分。各家银行也必须征得山姆大叔的许可才能给股东分红。住房贷款的机构也被迫以减免部分贷款的方式为受困的贷款人提供纾困之策。

这种受胁迫的"公平性"既损害了金融行业,也损害了更广泛的经济体。充满敌意和不确定性的环境抑制了对中小企业的贷款。银行股票也大幅跑输市场。失去活力与股票下跌让银行不得不解雇数十万名雇员。政府当局想当然的管理方法一直是美国经济在2008年及2009年早期的萎缩期后难以顺利复苏的一个主要原因。

2012年,政府再次打压金融行业,迫使银行向大约100万名借款人支付250亿美元,因为那些借款人声称被银行的代收行为所"误伤"。银行哪里去找250亿美元呢?一定是来自银行股东的损失或者向客户收取更高的费用。

约翰·塔姆尼(John Tamney),《清明市场》和《福布斯观点》的主编,准确地总结了这一令人沮丧的形势:"救助从来也不是免费的,对付了钱的纳税人不免费,对于从中获取不正当利益的企业而言也不是免费的。政治家们总是会回来索取那一磅肉。"[①]

大政府的身份文化

在1961年就职演说的末尾,约翰·肯尼迪总统向全美国提出了其流传很广的问题:"因此,我的美国同胞们,不要问你的国家能为你做什么,问问你能为你的国家做什么。"现在这一战斗口号变成了"问问你的国家可以为你做多少"。

建国的国父们在《独立宣言》中写道,政府的角色是保护人民对"生活、自由以及追求幸福"的"不容剥夺的权利"。政府的角色仅仅是"确保这些权利"。国策制定者们怎么看今天的大政府呢?它以各种方式补贴给1/5的美国人。将近一半的美国公民不缴纳联邦所得税。根据传统基金会的

[①] 约翰·塔姆尼:"给谨慎美国人的政治课:'倒闭!'"RealClearMarkets.com,2012年2月14日,另见http://www.realclearmarkets.com/articles/2012/02/14/the_ political _ class_ to_ prudent_ americans_ drop_ dead_ 99515. html。

数据，联邦开支的70%投向对个人的各种援助，而国家债务则高达150 000亿美元。

在不远的将来，当人口逐步老化时，仍在工作的纳税人将逐步减少，大政府不断增加的强制福利负担，如"医疗保障"和"社会保障"等的资金来源堪忧。而在政府傲慢的理念里，美国人已经没有权利来质疑这些政府项目的范围和资金来源，以及这些政府计划对我们的经济及文化的影响。

政府对"需求"定义的不断放松导致援助项目的不断扩大，而纳税人正在为这些埋单。拿食品券项目来看，最早该项目适用于非常穷的穷人，而现在则适用于不断增加的大学生人群。该计划实际上以做广告的方式邀请人们登记加入而成为客户，结果参与者的数量呈爆炸性的增长，从2007年的2 600万人增加到2012年的4 600万人。

某出版机构的沙龙报道了大约20~30所大学的毕业生"游转于食品券"之间，把食品券当作上一个工作与下一个工作之间的转换间隙。接受采访的一名食品券接收人叫马克，31岁，"纽约州韦斯切斯特县长大，芝加哥大学毕业，二十多岁时辛勤工作于纽约出版界，之后转做巴尔的摩的一份兼职的博客工作"。[1]

　　自从经济转差之后，他在巴尔的摩大约有一半的朋友在拿食品券，于是他决定也试一下。让他高兴的是，他拿到了一个月200美元的券。"我是个吃饭挑剔的人，最不愿意过那种'靠拉面生活'的日子，"他一边愉快地回忆着最近的一餐——黄油烤兔肉、龙蒿、甜马铃薯，一边说，"我还以为用食品券只能吃到加工食品和政府奶酪，而实际上你能吃到任何东西，太好了。"[2]

---

[1] 詹尼佛·布莱耶："食品券上的嬉皮士"，Salon.com，2010年3月15日，另见http://www.salon.com/2010/03/16/hipsters_ food_ stamps_ pinched/singleton/#comments。
[2] 同[1]。

1970 年，尼克松政府就建立了"第 8 章优惠券计划"，给需要的人提供住房补贴。住房和城市发展部补贴了超过 200 万个家庭，每个家庭的补贴可能高达 2 800 美元或更多。该计划在 2011 年的预算为 190 亿美元，1994 年该计划只有 70 亿美元。

"第 8 章优惠券计划"项目意在帮助无家可归者。但该政府计划的使命随着预算的增加而大大增强了。曼哈顿研究所的霍华德·哈索克（Howard Husock）报告说，在许多"第 8 章优惠券计划"项目参与者生活的纽约城，"无家可归"已成为一个"说不清的词"。

> "无家可归"的判断基于一个家庭的生活质量高低，而不是是否拥有一个有房顶的庇护所。该市会把一个有地方住的家庭归为"无家可归"家庭，只要市政府认为该家庭的生活状况"不适当"……有关部门常常将一些日常情况归结为"不适当"，比如一名少女妈妈仍与母亲或者祖母住在一起，而婴儿的出生给这个家庭带来一场激烈的争吵，少女妈妈跑出来找地方住，即成为"无家可归"者。经确认后，她就可以搬进政府补贴的首套房子中。①

这些政府计划不仅制造了广泛的依赖性，而且还改变了我们这一个国家及个体观察我们自己及我们的能力的方式。那些支持在各个方面增加更多政府职能的人看来，企业、天才、自主等这些理念都已经过时了。是吗？仍然相信这些理念的人被奥巴马总统竞选中的一组幻灯片——朱丽亚的生活——震惊了。该幻灯片描绘了政府福利的国家计划与政策如何"在一名妇女的一生中帮助她"——从幼儿园之前到大学的捐助再到成为大人后的小企业贷款，最后是医疗保障和社会保障。用《国家评论》杂志里奇·劳瑞（Rich Lowry）的话说，"朱丽亚"被描绘成一个"没有特别之处的'爱

---

① 霍华德·哈索克："反向作用的住房改革"，载《城市杂志》，2004 年夏，另见 http://www.city-journal.org/html/14_3_housing_reform.html。

探险的朵拉'"。这种温和、无特征的某人形象"不经意间泄露了这些政府计划使命的重要特征"。

朱丽亚的核心社会关系就是国家。国家是她的教育者、银行家、医疗提供者、创业资本家以及退休金提供者……她拿到的每一项福利都是减免或者免费。很明显,她不会担心缴税问题。她根本不会想到这些给她提供支持的计划可能增加国家的债务负担或者造成其他非预期的后果。她不会因为让别人为她的避孕付钱而感到良心不安。她的爱国意识也仅限于尽可能拿到政府的补助资金。①

劳瑞称这种政府计划的目标是"傲慢的"和"令人不寒而栗的",因为这让人想到"给予人们一些东西就会让他们失去对更重大事情的思考能力"。

全国联合广播评论员和伦理专栏作家丹尼斯·普莱格(Dannis Prager)观察到,当今的福利国家,不是在向社会灌输利他主义,而是在制造一种自私自利的文化。他写道:"福利国家让人们随着时间的推移变得越来越以自我为中心。"人们主要关注的是他们能为自己拿到什么。他继续写道:

我会从国家拿到多少福利?
国家会为我的教育付多少钱?
国家会为我的医疗付多少钱?我退休后会怎样?
我能退休的最小年龄是多少岁?
我每年能有多少休假时间?
我能有多少天带薪病假?

---

① 里奇·劳瑞:"一个到处都是'朱丽亚'的国度",载《国家评论在线》,2012年5月4日,另见 http://www.nationalreview.com/articles/298936/nation-julias-rich-lowry。

我能要求几个月的男方产假或女方产假的工资？①

《华尔街日报》专栏作家埃文·纽马克（Evan Newmark）写道，福利意识让人们用各种方式与体制博弈，从给家人与朋友撤销交通罚单的警察到鸡毛蒜皮的诉讼，都呈现出爆发式的增长。②

觉得有权享有特权的人常常有一种冤屈的意识，一旦认为他们的"权利"遭到侵犯就会立即起诉。根据一项研究，诉讼泛滥让美国每年多花费2 610亿美元（大约平均每人880美元）。③ 一家南加州的餐厅老板被起诉，因为他餐厅的男厕所破损的镜子（顾客损坏了镜子）被换掉时，比法律规定的高了2英寸。而审理本案花的钱比该餐厅一年挣的还要多。④ 在纽约，一名体重达290磅的男子起诉白色城堡汉堡连锁店，他抱怨道，这家餐馆不舒服的雅座侵犯了胖人的公民权。⑤ 还有一名佛罗里达男子起诉Winn–Dixie店及一家花卉进口商，要求因玫瑰花束对其手指的伤害索赔1.5万美元。⑥

---

① 丹尼斯·普莱格："福利国家与愚蠢社会"，DennisPrager.com，2011年4月26日，另见http：//www.dennisprager.com/columns.aspx? g = b45d81c0 – 1cd6 – 4c8c – 89bf – a4bc49d84269。
② 埃文·纽马克："奥巴马不会讲，但美国人已经道德败坏了"，《华尔街日报》，2011年1月17日，另见http：//blogs.wsj.com/deals/2011/06/17/mean – street – obama – wont – say – it – but – americans – are – corrupted/。
③ "美国侵权成本2008年更新版"，Towers Perrin，2008年，另见http：//www.towersperrin.com/tp/getwebcachedoc? webc? = USA/2008/200811/2008 _ tort _ costs _ trends.pdf。
④ "厕所镜子超高2英寸的诉案"，LawsuitAbuse.org的网页，美国商会法律改革研究所，另见http：//www.facesoflawsuitabuse.org/2009/03/lawsuit – over – bathroom – mirror – 2 – inches – too – high/。
⑤ 凯西安·邦涅洛："白色城堡憎恨胖子们的饕餮"，载《纽约邮报》，2011年9月11日，另见http：//www.nypost.com/p/news/white_ castle_ hates_ fatty_ gut_ UQk76R1S8Mbud5aMhaxD3J。
⑥ "玫瑰刺扎手，寻求赔偿了1.5万美元"，MyFoxOrlando.com，2011年5月27日，另见http：//www.myfoxorlando.com/dpp/news/seminole_ news/052611 – lawsuit – seeks – 15k – for – rose – thorn – prick。

特权狂热让社会的方向发生了扭曲。社会价值体系的核心变成了现有财富的再分配，而不是激励创建企业、实施创新以及推进经济的增长与社会繁荣。增长的是分配特权的官僚领域，而不是私营领域。《华尔街日报》专栏作家史蒂夫·摩尔（Steve Moore）在一篇题为"我们已经成为国家的索取者，而不是建造者"的热门特稿中也讨论了这一问题。他说，特权文化自身已经成为一个行业。

今天的美国，为政府工作的人（2 250万人）是美国所有制造业人数（1 150万人）的近两倍。这与1960年代的情况几乎是颠倒过来了，那个时代制造业有1 500万人，而从政府拿工资的人只有870万人。①

他说："为政府工作的人多过建筑、种田、渔猎、造林、采掘以及公共事业加在一起的从业人数。"

社会不可能因为政府官僚机构分配的特权而创造出财富。"赢得明天"的唯一方式及催生能够真正帮助穷人的繁荣社会的方式就是，"让从事制造的经济体增长，而不是让索求物质的部门膨胀"。②

自由市场和美国的企业家精神

今天以特权为基础的社会道德极大地偏离了缔造这个国家时的价值观。在20世纪政府机构膨胀之前，还能见到自由市场的力量。今天称为"援助"或者"救助"的东西，那时候称作"救济"并被视为最后的依靠。当时的美国社会是建立在工作和自主的文化基础上的。

---

① 史蒂夫·摩尔："我们已经成为国家的索取者，而不是建造者"，载《华尔街日报》，2011年4月1日，另见http://online.wsj.com/article/SB10001424052748704050204576219073867182108.html。

② 同①。

这些理念反映了美国作为一个边疆国家的历史，同时也是其继承的英国政治遗产的一部分。美国南部曾是西班牙和葡萄牙的殖民地，那里的人们也需要为自己的生活而奋斗。但他们不会发展出同样的企业家精神。西班牙人和葡萄牙人带来了一种僵硬的、按等级划分的传统制度，就像殖民于美国北方的法国人一样，他们都习惯于依赖一个强有力的政府的指导。相对而言，大不列颠从未有过主导西欧的强有力的中央政府。

　　英国的法律传统也有别于欧洲大陆。哲学家约翰·洛克（John Locke）及其同仁强调政府由人民组成的理念，而不是政府权力由"神"授予的理念。英国人的思想受到宗教改革家约翰·加尔文（John Calvin）的影响，他强调工作的精神价值。因此，美国与法属北美（加拿大魁北克省）或者西班牙及葡萄牙殖民地的环境有很大差别。到新世界去的英国移民很好地继承并发展了他们从自己家乡带来的自我管理的传统。英属殖民地的管制要宽松得多，而法国则一直严密控制着美洲北部的法属殖民地。因此，到18世纪中期，法属北美的人口仅为6万人，而英属北美的人口则达到了200万人。①

　　这一传统使新世界的美国产生了一种新的自由、自主和流动的文化。19世纪哲学家及历史学家阿列克斯·德·托克维尔（Alexis de Tocqueville）写道，美国人"对物质享乐的要求"产生了一种不安分，而这种不安分又转化为一种"不可抗拒的行动要求"。在这种企业文化下，托克维尔写道，"改变就是去改善"。某些人可以对自己的目标非常坚持。但总体上，这种改善个人环境的决心给美国的自由社会带来了动力。

　　要更好地释放一个人的激情，而不是去建筑一个宽敞的宫殿，也不

---

① 维基百科："魁北克的历史（英国统治的1956—1760年）"，另见http：//en.wikipedia.org/wiki/History_of_Quebec；美国调查局：《一个世纪的人口增长，从第一次人口普查到第十二次，1790—1900年》(1909)，第9页，另见http：//books.google.com/books? id = H9KwtRkiO1YC? &printsec = frontcover#v = onepage&q&f = false。

是去发挥人征服的本性或者诡诈的本能，更不是去穷尽宇宙的奥秘；而是给他的田地增加耕种面积，种植果树，扩建一幢房子，让生命的每一刻更加轻松和舒适，不怎么费劲也几乎不花成本就能满足最不重要的需求。①

这位法国人（指托克维尔）观察到，这种改善事物的"激情"打破了阶层的等级界限，不像在欧洲，"贵族主导了社会并导致社会的僵死"。在美国的开放式社会里，"阶层混合在一起，特权被摧毁"，穷人能变成富人，而富人可能会失去其财富。每个人都了解工作的价值与意义。

用曼哈顿研究所的史蒂夫·马兰加（Steve Malanga）的话说，托克维尔把美国看成是"一个了不起的社会，这里……所有'诚实的职业都是光彩的'，并且'劳动的理念渗入人们的头脑中，使劳动成为人类生存的必要、自然和真诚的状态'"。马兰加继续写道：

在欧洲，贵族与绅士常常蔑视劳工；而在美国则不同，"一位富人觉得他有责任顾及公共意见，让自己的休闲时间用于某种产业或者商业目的，或者用于某种公共事务。如果他仅仅是自己过日子，那他会认为不利于自己的名声"。②

本杰明·富兰克林是最早表达美国的工作与自强自立道德原则的作者之一。我们最常将富兰克林看做是具有多面性格的开国国父和发明家，其头像现印在美国的百元大钞上。而他也是一名非常成功的企业家。富兰克林出版了被认为是第一本提升自我的指南书籍——《致富之路》（*The Way*

---

① 阿列克斯·德·托克维尔：《美国的民主》，第 621 页，纽约：美国图书馆，2004 年 2 月 9 日。
② 史蒂夫·马兰加："工作伦理到底发生了什么变化？"载《城市杂志》，第 3 号，2009 年夏，另见 http://www.city-journal.org/2009/19_3_work-ethic.html。

to Wealth）。富兰克林的忠告包括："不劳则无获"；"一个今天抵得上两个明天"；"时间就是金钱"；"明天如有事，今天就去做"；"大师的眼睛比双手能做得更多"；以及"早睡早起，能使人健康、富有、明智"。①

对于今天阅读励志书籍的人，富兰克林的那些名言可能没什么新鲜东西，但这些智慧帮助他从蜡烛制造商的儿子这一卑微的起点成为美国历史上最有影响力的人物之一，与此同时也积累了大笔财富，使他在42岁时就可以不再做生意而退休了。②

需求是企业之母

自由市场培育的是道德风险的反面。必须进行竞争的形势驱动着个体与公司要做更好的决策。他们学会了如何管理风险与适应逆境。最终大多数事物都得以改善。为了克服阻碍的挑战，人们不断培育新能力，发现新方法。

我们在读研究生时候学到的是托马斯·爱迪生发明白炽灯泡的原因是他想要搞出更好的照明方法。但这不是故事的全部。《福布斯》杂志的创始人B.C.福布斯有一回问爱迪生，传言中关于他发明白炽灯泡的真正动机是否属实，爱迪生回答说，他实际上是对当地的煤气公司非常恼火。

> 我正给警长付着一天5美元的价钱，让他拖延对我的小工厂的判决。但这时候煤气公司的人进来了，掐断了我的煤气，这让我异常气愤，我就想看看能否用电力代替煤气，给他们在经营上来一个下马威。我沉浸其中4年，但我是一个经济拮据的人。这件事并没有伤害他们分毫，直到最近（叹息）。③

---

① 本杰明·富兰克林：《致富之路》，1758年，另见http：//www.swarthmore.edu/SocSci/bdorsey1/41docs/52 - fra.html 39。
② 本杰明·富兰克林诞辰三百周年纪念，另见http：//www.benfranklin300.org/exhibit.html。
③ 托马斯·爱迪生致B.C.福布斯的手写记录，1920年，福布斯收藏。

爱迪生可能没把煤气公司的人怎样，但他的发明给数百万人带来了电力照明。是的，他改变了整个世界！

自 1950 年代以来，麦当劳就主导了快餐行业。但到 1990 年代后期，这家餐饮巨头显示出让人担忧的衰败迹象。其经营质量明显下降，菜单也显得陈旧过时。这之间它做过的几次改变很快也被市场证明是失败的。该公司正受到新一代更灵活的竞争者的挑战，比如星巴克，它提供咖啡的同时也提供更多种类的食物。2002 年，《纽约时报》还登载过一则小故事，要从高知名度客户群里拯救这家连锁店。

多大的一种羞辱啊！不过麦当劳重新振作起来了。它推出了新沙拉，既好吃又健康。它改变了咖啡供应，使其不再像是飞机上喝剩下的东西。为了与星巴克竞争，麦当劳还在美国和欧洲推出了 McCafes，提供非常好吃的糕点和浓缩咖啡。这家公司还关闭了一些落后的分店。麦当劳的振兴使其股价也创了新高。

自由市场也以类似的方式强化个体参与市场。人们学会了如何延迟满足，如何与他人成功合作。这些都要求有技巧才能走出自己的路。

人们发展出自己别出心裁的技巧和万事靠自己的习惯。几年前，一名 26 岁名叫亚当·谢泼德（Adam Shepard）的人决定要自己去探寻，向上流社会流动的美国梦是否仍像许多人坚持认为的那样已成为历史。他肩上扛着背包，兜里揣着 25 美元，他把自己安顿在南卡罗来纳的查尔斯顿，这是他从一顶帽子里选出来的城市。他开始做各种卑微的工作。几个月后，他就存够了钱买了一辆二手卡车，然后又租到一套公寓。一年之后，他有了一辆轿车和 5 500 美元。他告诉 ABC 新闻，"我能做到这一点是因为我做出了牺牲"。[①]

在一个没有政府救助的自由市场里，你不坚持游下去就会沉底，这种

[①] 约翰·斯陶赛尔和克里斯·基尔默："中产阶级干得很好，谢谢！" ABC 20/20，2009 年 3 月 11 日，另见 http：//abcnews. go. com/2020/Stossel/story？？id = 7055599& page = 1#. T4Hbrr9GijE。

想法会让某些人觉得刺耳。但情况果真如此吗？看看约翰·斯陶赛尔有关拉姆比人的故事吧。拉姆比人是一群鲜为人知的北卡罗来纳印第安部落族人，因为他们不被联邦政府认定为一个"部落"，因而没能获得政府提供给其的援助。后来呢？斯陶赛尔惊奇地发现：

> 拉姆比人拥有自己的住宅，而且生意也很成功。他们这些人里有房地产开发商吉姆·托马斯（Jim Thomas）（曾经拥有过 NBA 的萨克拉门托国王队）和杰克·洛厄里 [Jack Lowery，曾经协助过开设克拉克－贝罗餐馆（Cracker Barrel Restraurants）]。拉姆比人开设了第一家印第安人拥有的银行，现已拥有 12 家分行。
>
> 拉姆比人的财富不是赌场赢来的。本·查维斯说："我们没有任何赌场。我们有 12 家银行。"他是拉姆比人中另一位成功的商人。他同时也指出，罗伯逊县看起来跟大多数印第安人聚居地大相径庭。
>
> "那里有不少高楼大厦。它看起来像是英国人的领地。我能带你去一个我们家乡相邻的地方，你能看到那里整个印第安苏族都没有的好房子。"①

斯陶赛尔认为美国政府偷走了印第安人的土地，"造成了极大的悲剧"。而这些条约就要是纠正这一情况，"给印第安人带来社会主义。而这正是让他们依赖且贫穷的原因"。拉姆比人因为没有拿到特别的条约，却留下了自由，从而能够取得繁荣。

本·卡森（Ben Carson）医生，一名非裔美国人和单亲母亲的儿子，从底特律的贫民窟里走出，成为这个国家领先的脑外科医生之一。作为一名活跃的教育慈善家，他曾在教育奖学金上付出数百万美元。卡森医生时常

---

① 约翰·斯陶赛尔："政府制造贫困"，Townhall.com，2011 年 4 月 27 日，另见 http://townhall.com/columnists/johnstossel/? 2011/04/27/government_ creates_ poverty/page/full/。

给各地的年轻人讲个人如何获得力量的故事。他将自己的成功归因于他母亲个人榜样中自主与纪律的力量。他说:"我母亲作为一名三年级的退学学生,找了三份工作而不要福利救济,因为她告诉我,'我从未见过任何人靠救济过日子后还能摆脱救济的'。"①

卡森在福克斯新闻上说:"如果有人能展示给我依靠政府救济与福利计划以及特权能带来一个了不起的社会,那我一定洗耳恭听。我从未见过这种情况。"②

失败的价值

主张极权的人士通常会说,我们需要大政府来提升"安全与保障",并保护人们和企业远离失败。他们很少理解的是,生活就是起起落落的,而痛苦的经历恰能提供有价值的教训,让人们有能力之后取得成功。

比尔·盖茨和其前合作伙伴保罗·阿伦及保罗·吉尔伯特高中时开创的第一家公司叫 Traf－O－Data。它读取道路交通计数器的数据,给当地政府和交通工程师提供小汽车的跟踪数据。后来这家公司破产了,但这让他们进入软件编写行业,给微软的成立打下了基础。盖茨之后讲,"成功是一个喧闹的老师,他让聪明的人认为自己不可能失败"。③

偶像级的零售企业家詹姆斯·卡什·彭尼(James Cash Penney)的故事

---

① 凯瑟琳·丹普西:"本杰明·卡森医生在马丁·路德·金纪念日讲坚持不懈、教育和道德",《西北日报》,2012 年 1 月 17 日,另见 http://www.dailynorthwestern.com/campus/dr－benjamin－?carson－speaks－on－perseverance－education－and?－morals－on－mlk－day－1.2685849#.T4He9b9GijE;以及本·卡森与坎蒂·卡森详解《美丽的美国:再解什么造就了这个国家的伟大》,大急流城,密歇根州:Zondervan 出版社,2012 年。
② 福克斯新闻:"另辟医生处方,以解决国家的病症",2012 年 4 月 1 日,另见 http://video.foxnews.com/v/1542093260001/trailblazing－doctors?－prescription－to－solve－nations－ills。
③ 比尔·盖茨:《前方的路》,第 35 页,纽约:维京出版社,1995 年。

就是自由市场让人们更具能力的绝佳案例。他于 1875 年生于一个贫苦的农民家庭，一家 12 个孩子只有一半活了下来，他的早年生活十分艰苦。彭尼 8 岁那年，他父亲告诉他必须要自己挣衣服穿了。为了穿衣，他给邻近的农场干活儿、种西瓜、养猪。之后他经历了结核病、生意破产和两个妻子先后去世的不幸遭遇。

彭尼 1898 年开始为黄金规则连锁店做销售员。他的业绩给股东以非常深刻的印象，股东们让他在一个地区做了合伙人。后来他的合伙人范围不断扩大，最后他把其他合伙人都赎了出来，自己成立了 J. C. 彭尼公司。1920 年代末期，他拥有 1 400 家店铺，主业延伸到不动产和乳品行业。所有这一切在 1929 年股票市场崩盘时中止了。彭尼个人损失了天文数字的 4 000 万美元。面对 700 万美元的债务（甚至今天看来都是大数目）他不得不出售几乎所有资产以归还债权人。在他 50 多岁时，他发现自己近乎破产，而且病得要进疗养院了。在相信自己将不久于人世的时候，他给自己的朋友和家人写了告别信。

但接下来突然有一天医院教堂里飘出赞美诗的声音，一句"上帝将眷顾你"撞击着他的心灵，让他开始振作。最后，彭尼借钱让自己重新开始。他再次掌握了他的帝国，再造了财富。他活到了 95 岁并打造了一个直到今天仍在运作的企业。彭尼有一次讲到毅力，他说"想要成功很自然，但所有人都不愿为成功付出代价。不少人有的是叉骨而不是脊梁骨"。[1]

适应性——从自由市场下的失败里学习的能力——是创新的本质，正如我们在第 3 章中所论述的。但更重要的是，一定要避免最坏的灾难。

在自由市场里的失败"拯救"了 IBM，迫使该公司去改变。这家公司是全球最大的电脑主机制造商，而且在软件及微芯片领域也很有实力。该公司曾非常强大，一度成为联邦《反托拉斯法》的诉讼对象。但 1980 年代的世界发生了急剧的变化，微电脑和个人电脑大量涌入主机市场。虽然

---

[1] 奥斯·希尔曼：《逆境的有利一面：由深陷泥潭到卓越伟大》，第 102 页，文图拉，加利福尼亚：Regal Books 出版社，2006 年。

IBM 实施了前所未有的成本削减与裁员，但还是在 1990 年年初深陷困境。如果这家公司总部设在法国，那么由于该国政府在指导经济方面发挥主导性作用，其反应很可能是大规模的援助资金的注入，以保护一家旗舰公司。纳税人将面临数年几十亿美元的救助出资。但实际情况是，IBM 的董事会引入了郭士纳（Lou Gerstner），他曾挽救过美国运通的信用卡业务和 RJR 纳贝斯克。1990—1995 年间，该公司裁掉了 15 万个工作岗位。郭士纳大量投资于软件领域，从而极大地重塑了 IBM。今天，IBM 提供新的产品与服务，如技术整合，现在公司比郭士纳接管初期雇用了更多的雇员。

很多人相信，美国的企业若每年有高达 10% 的比例破产，那么将对整个国家的经济体产生正面影响。《金融时报》专栏作家蒂姆·哈德福（Tim Hardford）进行了一项微妙的观察，他认为就像人类一样，最成功的市场和经济体都是允许经历多次失败的。"为了更直观地理解这一点，比较一下硅谷让人吃惊的破产率与底特律的三大汽车商的情况，后者似乎总是处于一种慢动作破产的状态，但却总也不离开经济舞台"。①

大政府出现之前较少失调

许多人对我们不断加深的大政府依赖性而深表担心。但问题却常常在于"不依赖政府，还能怎样？"不少人坚信，少了政府的许多计划项目，我们将挨饿，对穷人的关怀也将会恢复到 19 世纪狄更斯的年代。这是一种幻觉。我们忘了，那些文学经典即使部分地反映 19 世纪的真实生活状况都很艰难。然而我们却很少想到，大政府的各种计划在第一次制订并实施的 1930 年之前，社会安全网络即已存在了。正如我们之前所讲到的，人们通过一种有效的私营慈善网络来对穷人进行捐助。

---

① 蒂姆·哈福德："失败：到处皆然"，魔鬼经济学网站，2011 年 5 月 10 日，另见 http：// www. freakonomics. com/2011/05/10/why－is－? failure－a－sign－of－a－healthy－economy－a－guest－post－by－tim－harford/。

独立研究所的克里福德·第斯（Clifford Thies），一位著名的自由市场智囊人士，在"19世纪穷人与乞丐的工作与居住"中写道，在城市地区比较大的私营慈善机构是一种复杂的自助式机构，它提供一系列服务，其中包括"储蓄机构、消费合作社、职业介绍所以及济贫院，确保没有人因为没有工作而挨饿和无处安身"。①

第斯承认，许多这样的机构条件是非常简陋的。但这些机构达成了作为安全保障网络的职能：没人挨饿。而与此同时，很少有体格健康的人愿意成为靠别人吃饭的人。"亲戚、邻居、同事们都知道贫民院里斯巴达式的艰苦条件，因此常常愿意向老人、残疾人和孤儿们打开自家的房门"。

今天，我们常常认为19世纪的工业革命是过度"贪婪"和所谓强盗式资本家崛起的时代。这是错误的观念。那些资本家中的大多数实际上是富有创新精神的企业家。更少有人知道的是，今天这个时代私人财富的崛起也发出了现代慈善的呼声。数百家机构快速成长起来，以帮助生活困难的穷人。② **商业的兴盛让广义奉献文化得以发展。**

主要的慈善社区服务和教育机构成立于1800年代并沿袭至今。这些机构包括克里夫兰基金会、简·亚当斯霍尔之屋、洛克菲勒基金会的亨利街安置会（Henry Street Settlement）、库柏联盟（Cooper Union，一家科学与艺术教育的免费大学）以及其他一些组织。

1820年代，较大一些的城市几乎都有不少慈善机构。慈善组织中的联合与联盟开始发展。由于交流的增进，当地社区变成为地区性组织，后来又成为全国性的组织。

这些机构做得如何？历史学家格特鲁德·希梅尔法布（Gertrude Him-

---

① 克里福德·第斯："19世纪穷人与乞丐的工作与居住"，载《伊利诺伊不动产通信》，第13页，1993年夏/秋，不动产研究室，厄巴纳伊利诺伊州大学。
② 夏伦·艾伦斯："慈善与工业革命的关系"，LearningToGive.org，另见http://learningtogive.org/papers/paper54.html。

melfarb）论述了这些慈善机构在前福利国家英国和美国的兴起,以及如何带来社会低犯罪率和社会机能失调情况的降低。

在1856—1901年间的英国,严重犯罪的发生率几乎下降了50%……美国的全国犯罪情况统计开始于1960年,但地区性的统计数据显示,19世纪下半叶到20世纪上半叶,犯罪率总体呈下降趋势。①

自从大政府接手了从前由私营慈善机构承担的社会服务职能之后,数十亿美元——钱是强制性向纳税人收取的——已经被投入到终结贫困的战斗中去。这一"投资"成为一场灾难,它不仅没有终结贫困,反而造成了道德统计数据的恶化而非改善——出现了更多的社会问题,犯罪率上升了（直到最近20年才有所下降）。

从"我们所知道的福利制度"到赋权

1990年代末期福利计划宣告终结,从而显示了如果没有受到政府的羁绊,自由市场的人们会怎样地自强自立。1996年,比尔·克林顿总统签署了《个人责任与就业机会折中法案》（Personal Responsibility and Work Opportunity Reconciliation Act）,终结了"我们所知道的福利制度"。"对有受抚养儿童的家庭的救助"不再是一种自动的权利,它要求接受者接受福利两年之后要开始工作。在其他管理措施之外,这给一个人能从联邦政府那里获得的福利增加了一个期限。

反对者警告说,终止福利计划会带来灾难。当时纽约州民主党参议员

---

① 格特鲁德·希梅尔法布:"从维多利亚美德到现代价值观",载《法律与秩序》,1995年5~6月,美国企业研究所,另见 http：//www. abuddhistlibrary. com/Buddhism/F－%20？Miscellaneous/General%20Miscellaneous/Modern%20Values/From%20Victorian？%20Virtues%20to%20Modern%20Values/article_ detail. asp. html。

丹尼尔·帕特里克·莫伊尼汉（Daniel Patrick Moynihan）预言将出现"霍乱瘟疫以来闻所未闻的社会创痛的形势"。① 但这些预言从未变成现实。在改革10周年的纪念活动上，前总统比尔·克林顿在《纽约时报》上发表了"我们如何共同终结了福利"一文。

> 过去的10年，福利登记的人数大幅度下降了，从1996年的1 220万人降至当前的450万人。与此同时，福利案件数也下降了54%。失去福利的母亲中有60%找到了工作，远超出专家的预估。通过"福利与就业合作组织"，我任期内人们的就业转化开始加快进行，超过20 000家企业雇用了110万前福利接受者。②

那些离了福利政策本该死去的人们现在怎样了？米契尔·戈登（Michelle Gordon）是一名30岁的单亲母亲，克林顿签署法案时她有四个孩子。自此之后，她干了好多低收入的工作，包括在呼叫中心工作，做护士助理，在杂货店工作，在毒品治疗中心做管理工作。另一名单亲母亲玛丽·布拉德福特（Mary Bradford），在维多利亚贸易中心承担了一份填写订单的工作，此后她的收入翻了一倍。③

许多人都回到了学校。最底线是，他们都变为可用之人。《今日美国》杂志2006年报道，"由女人掌家的最穷的40%家庭，其收入自1994年到2000年间翻了一倍，而本次衰退又几乎砍掉了这些家庭一半的收益"。而孩

---

① 杰森·德帕尔："福利的废除：一个理念变成了一个原因"，载《纽约时报》，1994年4月22日，另见http://www.nytimes.com/1994/04/22/us/abolishment–of–welfare?–an–idea–becomes–a–cause.html?pagewanted=all&src=pm。
② 比尔·克林顿："我们如何共同终结了福利"，载《纽约时报》，2006年8月22日，另见http://www.nytimes.com/2006/08/22/opinion/22clinton.html。
③ 理查德·沃尔夫："福利改革如何改变了美国"，载《今日美国》，2006年7月18日，另见http://www.usatoday.com/news/nation/?2006–07–17–welfare–reform–cover_x.html。

子们也不是一成不变,该报道说,"孩子们的贫困率下降了25%,而2000年之后又上升了10%"。①

不形成依赖的同情

一个有道德的社会会帮助有需要的人们,但有比制造依赖性的补助金更好的方式。大政府的倡导者们常常想不出更有创意的方式。福利改革的经验表明,"为寻求帮助而工作"的交互式安排取得了成功,这是私营慈善机构一度提供的安排。

外来移民企业家没有政府的帮助也从贫困中走出来了,这也显示了不形成依赖地帮助别人是有可能的。比如,韩国人通过参加一种叫Kye的借贷圈子,就能相互帮忙给做生意提供资本。成员们形成一个资金池,借给能够归还的成员,于是大家都有机会。②

很少有人认为阿米绪人(Amish)是一个冷漠的社会。1960年代,这支基督教再洗礼派的一个分支,其信徒住在宾夕法尼亚和俄亥俄州的农村地区,由于历史原因可以例外地免收社会保障税。阿米绪人既不用支付也不会拿到社会保障,因而也跟社会医疗保险(Medicare)及社会医疗救助无关,同样也不参加劳工赔偿(Worker's Compensation)。除了个别例外情况,他们虽然从事农业,但也不接受农业补贴。唐纳德·克雷比尔(Donald Kraybill)对这一种族进行研究的若干成果见于他的著述,他写道,阿米绪人在1990年代的联邦收购计划中拒绝出售他们的牛,也拒绝接受让农场抛荒的转移支付。这个社会将互助、责任和自立置于崇高的地位,最终结果

---

① 理查德·沃尔夫:"福利改革如何改变了美国",载《今日美国》,2006年7月18日,另见http://www.usatoday.com/news/nation/?2006-07-17-welfare-reform-cover_x.html。
② 海伦·荣格:"'Kye'——解决冲突的钥匙",载《西雅图时报》,1992年12月27日,另见http://community.seattletimes.nwsource.com/archive/date=19921227&slug=1532125。

是形成了"一个没有犯罪和暴力的社会"。它也是一个"没有贫穷的社会",并且这个社会的财富也还在增长之中。① 阿米绪人的确是一个拒绝现代社会的、绝世独立的高度宗教化的社会,同时也是个勇于承担责任、给自己赋权并关心他人的社会。不躺在制造依赖性的政府机构身上可能会发生怎样的情形?阿米绪人给出了有力的回答。

---

① 唐纳德·克雷比尔:《阿米绪人文化之谜》,第 325 页,巴尔的摩,马里兰州:约翰·霍普金斯大学出版社,2001 年。

第5章

是要苹果公司还是要索林德拉？

精英体制还是结党营私？

一个公开竞争的市场经济体制就是一个精英体制。如果市场提供了人们想要的东西，他们就会购买，不论这是一项新技术、一种更好的饮料还是职场技巧。能够满足市场需求的能力比个人背景及社会身份更加重要，具有生产力的个人和公司会因提供给他人的价值而获得回报。

亚历山大·汉密尔顿对市场的精英体制持一种独特的欣赏态度。他出生于西印度群岛的单亲家庭，1772年十几岁时去了美洲殖民地，并在乔治·华盛顿的政府里成为美国的首任财政部部长。在传记作家弗雷斯特·麦克唐纳（Forrest McDonald）的笔下，他热切地认为"钱若与阶级、身份、肤色以及继承的社会地位相比，是微不足道的；但钱是最终的、中性的和不带个人色彩的裁决者"。汉密尔顿创立了一个以钱和市场为基础的金融体系，因为他想让美国成为一个"流动的和对荣誉开放的社会"。①

在一个自由的市场经济体中，不是每个人都像沃伦·巴菲特或者比尔·盖茨一样有动力或者有想法要成为《福布斯》排行榜上400名亿万富翁中的一员。但民主资本主义的开放性提供了最公平的机会给那些想要尝试的人。自由市场对不同的个人和公司都提供均等的机会与环境条件。而那些成功者如果不再能够满足他人的需求，也不可能永远占据顶峰的位置。

---

① 弗雷斯特·麦克唐纳：《亚历山大·汉密尔顿传》，第4页，纽约：诺顿出版社，1979年。

看看1917年首度出现在《福布斯》排行榜上前100家最大的美国公司的名单吧,今天只有12家还位列其中。

我们常听到一些抱怨,认为民主资本主义精英体制让一小部分人先富裕起来,从而加剧了社会的不公平。果真如此吗?的确,自由市场经济体会出现"收入不均衡"的状况,但在所有的社会形态里都会出现政治及经济的不均衡。而自由市场精英体制能提供给人们最好的机会,让他们通过创造和积累财富提升社会地位。研究表明,美国最低收入10%的家庭中有一半可以在10年内提升其地位,而最高10%的家庭至少有一半会落下来。

批评家们没有注意到的事实是,"收入不均衡"在美国社会常常是经济增长、财富创造以及所有人生活水平提升过程的一个副产品。备受尊敬的经济学家布莱恩·威斯伯里指出,在技术革新时代,那些高端人士的收入增长得会更快一些。比尔·盖茨和马克·扎克伯格从技术创新中获得了令人羡慕的财富。但我们剩下的人也都获益了,获得了更高的生活水平和拿到了更物美价廉的消费品,原先只能由很少的精英人士所拥有的"奢侈"产品很快成了大多数人都能够得到的必需品。1900年,约翰·洛克菲勒是这个星球上最富裕的人。但即便花了令人咋舌的50万美元巨款(今天相当于1 100万美元),他也没能把孙子从猩红热中解救出来。而今天,猩红热几乎绝迹了(即使在穷人中间),这是现代抗菌技术发展的成果。[1]

自由市场的公开性和平等进入与大政府运行的经济体或行业(这些领域里政治压倒了荣誉)形成了鲜明对比。这里努力与回报之间的关联很小或者几乎没有关联。人们或者是各家公司常常因为能满足当权者的需求而获得成功或者获取回报。政府政策则有利于政治同盟或那些拥有很强游说能力和有资源提供好处的人或公司。

大政府的任人唯亲可能意味着像粮食生产那样只有有实力的行业才可以数十年地获得政府的补助,或者有影响力的钢铁行业可以让外国竞争对手承担进口关税。以奥巴马医改为例,大政府的偏袒意味着有关联的公司

---

[1] 罗恩·彻诺:《约翰·洛克菲勒传》,第418页,纽约:优秀出版社。

可以让它们从必须遵守的法律条规中获得豁免。

  这种偏袒的不道德性不仅在于其不公平性，而且还在于全社会要为此埋单。保护主义关税和实施监管的举措取悦了某些行业和工会，结果是钢铁、轮胎以及汽车的价格居高不下。大政府为支持"绿色"科技或其他政治上偏好的项目而签下协议，这可能意味着征收更多的税，从而耗尽了财富。那些有技术但缺乏政治关系的公司，其资本面临着被抽离的命运。

  自由市场精英政治与大政府任人唯亲之间的选择可以用苹果公司与太阳能电池板制造商索林德拉（Solyndra）之间的对比来进行类比观察。苹果公司的成功是因为该公司的创新可以以新的形式或者传统的方式满足市场的需求。索林德拉也有一款创新产品。但其崛起的原因（我们稍后解释）却是与一家关键金融靠山的政治关联，后者帮助该公司拿到了 5.35 亿美元的政府贷款。但这家公司的太阳能技术还是太过昂贵了，最终该公司宣告破产，而代价却由纳税人承担。

  美国人将何去何从？想要一种开放的精英体制，从而产生出苹果公司那样的能够创造就业岗位的创新公司呢？还是选择由政府主导的市场经济，给索林德拉这样的亲信公司提供不公平的待遇与纳税人资金呢？这种政府偏好最终会导致经济的缓慢增长以及创造就业岗位的低水平。

  终极追问：人们因政治关系取得领先优势，而不是同其他社会成员获取一视同仁的待遇，这公平吗？

自由市场破除社会障碍

  今天，很少有人能领会货币与市场在缔造美国的开放社会中所扮演的角色。当年殖民者逃避欧洲的各种制约来到新世界追求自由。但在亚历山大·汉密尔顿的时代，通向上层社会的路正在关闭。用汉密尔顿的传记作家弗雷斯特·麦克唐纳的话说，就是"身份与权力被垄断了，在大多数美国社区中，除了一些相互通婚的家庭之外，大多数情况下已不再接受新来者了"。①

汉密尔顿努力打破这一境况，让外来者更容易去创造财富。正如他在《联邦党人文集》第36号中所写的那样，他坚持，"这扇门应当平等地开放给每一个人"。他构造了一种健全的货币体系和资本市场，以提供流动性和刺激创业及商业活动。

汉密尔顿不是唯一认识到货币与市场能够打破社会障碍的人。在有启迪性思想的著作《货币的历史》一书中，杰克·威瑟福德（Jack Weatherford）解释了古代吕底亚城邦发明的金币如何创造出跨越社会边境的市场。吕底亚人传统上主要在小规模的以血亲为基础的社区里从事商业活动，人们通过物物交换进行贸易。但随着统一的货币的使用，这种情况极大地改变了。

> 货币成为社会的轴心，以比之前多得多的社会关系形式关联着人们，不管多么遥远或短暂……它削弱了传统上基于亲缘关系和政治权力的社会纽带。②

他们的新商业体系在该地区扎下了根，成为一种权力的源泉，帮助其邻近的希腊战胜竞争对手波斯，虽然后者拥有军事上的优势。金币让吕底亚女人能够置办自己的嫁妆，选择自己的丈夫。

货币与市场成为一种向上层流动的力量。威瑟福德引述了17世纪日本作家井原西鹤的观察，在有货币的市场上，"出生与世系都失去了意义"。

市场如何打破人们之间交往的障碍，这一过程在著名自由市场经济学家列奥那德·里德（Leonard Read）创作的经典自由市场寓言《我，铅笔》

---

① 弗雷斯特·麦克唐纳：《亚历山大·汉密尔顿》，第118页，纽约：优秀出版社。
② 杰克·威瑟福德：《货币的历史》，纽约：三江出版社，1998年。

中得以栩栩如生地展现。让我们再说说这个寓言故事的大意。"铅笔"解释了"数百万人如何在创造我的过程中出了力，他们当中可能没有谁认识很多的合作者，他们充其量只认识其中的几个"。① 从加利福尼亚的木材砍伐到从印度尼西亚的菜籽油中提取再到橡皮制造，制造铅笔的过程将不同文化背景的陌生人带到了一起。正常情况下人们很难有机会彼此联系或者形成联盟进行合作。

医疗器械制造商恩多斯廷（EndoStim）就是一个现代版的《我，铅笔》的故事。汤姆·弗里德曼（Tom Friedman）在《纽约时报》上写道，这家公司制造能治疗胃酸逆流的医疗器械，"是受到古巴及印度到美国的移民的启发，并由圣路易斯风险资本家提供了资金"。弗里德曼惊奇道，"这种器械的原型是在以色列工程师的帮助下，以及在印度及智利医生的不断反馈下，在乌拉圭制造的。噢，公司首席执行官是南非人，他在索邦神学院接受教育，但住在密苏里州和加利福尼亚州，而他的公司总部基本上就是一部黑莓手机。"②

中东地区各派常常言辞激烈，没有几个人敢期待以色列人和巴勒斯坦人能够在当地正日益繁盛的技术领域展开合作。但以色列的公司雇用了巴勒斯坦的工人，包括薪酬颇高的工程师。以色列风险投资家雅丁·考夫曼（Yadin Kaufman）发现巴勒斯坦境内存在技术潜力却无人提供资金时，他启动了一项与巴勒斯坦软件工程师赛伊德·纳什夫（Saed Nashef）的合伙业务。"这是一个未曾开发的机会。"考夫曼这样告诉《基督教科学箴言报》记者。以拉马拉为基地的阿萨尔技术公司专门给巴勒斯坦境内的 IT 行业做外包，而且其中 40% 的业务是和以色列公司做的。公司创始人慕拉德·塔布（Murad Tahboub）说，这些公司不仅给该地区带来了繁荣，而且对该地

---

① 列奥纳德·里德：《我，铅笔：告诉列奥纳德·里德我的家谱》，经济教育基金会（1958 年），也可在经济及自由图书馆（在线）上找到，另见 www.econlib.org/? library/Essays/rdPncl1.html。

② 汤姆·弗里德曼："干吧！"载《纽约时报》，2010 年 4 月 18 日，第 10 页，另见 http://www.nytimes.com/2010?/04/18/opinion/18friedman.html。

区也是一种"和平的投资"。①

精英政治符合道德吗？

自由市场精英体制可以打破社会发展的障碍。但对占领华尔街持批评态度的人士却认为，无论怎样，市场都是不公平的，因为市场制造了不均等。《独立宣言》不是说过"人人生而平等"吗？但事实上，如果我们读了完整的这句话就会发现，国父们写了不同的东西。"我们认为这些真理是不言自明的，**人人生而平等，人们被造物主赋予某些不容剥夺的权利，其中有生活、自由和对幸福的追求权**"。人们是平等的，因为他们有着平等的权利，换而言之，即机会均等。

芝加哥大学布斯商学院的路易吉·津格勒斯（Luigi Zingales）解释道，平等权利的观念在当时已是非常激进的了。

> 在18世纪，全世界的社会秩序都是基于由出生带来的权利。贵族统治着欧洲和日本，社会等级制度在印度甚至在英格兰都非常盛行。在英格兰，商人虽然不断取得经济与政治上的实力，但贵族们仍占据着大部分的政治权力。美国革命就是对欧洲社会贵族当政和社会非流动性的反叛，它与法国大革命不同，法国大革命强调的是平等的原则，它捍卫自由以追求幸福。②

---

① 约书亚·米特尼克："技术外交：以色列CEO雇用了巴勒斯坦程序员"，载《基督教科学箴言报》，2011年4月22日，另见http://www.csmonitor.com/World/Middle-East/2011/0422/Tech-? diplomacy-Israeli-CEO-hires-Palestinian-programmers；卡林·克鲁斯特曼和大卫·沙马："以色列和巴勒斯坦公司间的合作为建立和平设定了步调"，以色列外交部，2008年7月7日，另见http://www.mfa.gov.il/MFA/Israel+beyond+politics/Cooperation?%20between%20Israeli%20and%20Palestinian%20companies%20sets%20the%?20pace%20for%20building%20peace%20%207-Jul-2008。

② 路易吉·津格勒斯："谁杀死了欧拉修·艾吉尔？精英理想之堕落"，载《城市杂志》，第4期，2011年秋，另见http://www.city-journal.org/?2011/21_4_meritocracy.html。

但极权主义者却相信另外一些事情：**结果的平等**。这是完全不同的理念。相信每个人在法律之下拥有平等的权利是一回事，而相信人们或者公司无论其生产力水平如何都给予同等的回报是另外一回事。"结果的平等"也是不公平的，因为它以公平之名惩罚辛劳。正如我们稍后将讨论的，《反托拉斯法》惩罚太过成功的公司也存在同样的问题。

美国人长期以来相信机会的均等，而非结果的均等。美国开放市场的繁荣，如津格勒斯所说："强化了如下集体观念：基于功劳与美德分派回报与责任是有利的。"

在皮尤慈善信托基金对 27 个发达国家的调查中，发现美国人比其他任何国家的人都更相信功劳与回报之间的关系。只有约 33% 的美国人相信缩小收入差距是政府的职责，相比之下加拿大有 44% 的人相信，而葡萄牙却有 89%。大多数美国人认为美国的经济体系是"公平的"。只有 19% 的美国人认为生于一个富裕的家庭对占据先机非常重要。与其他国家持这一观点的人相比，这一比例要小得多。这一反馈比例的平均数是 28%。①

这种有努力就有回报的信念即使在具有平等思想的伯克利学生中也是根深蒂固的。在最近的一项实验中，一组在校生玩一种游戏，他们被要求在组内和一名陌生人共同分配一份固定的薪金。在其中的一个组里，学生们被告知这名陌生人工作勤恳；而另一小组，则被告知这个陌生人什么也没做。实验结果显示，学生们更愿意报答努力工作的人。②

甚至具有平等理念的占领华尔街的抗议者也赞同这一想法。在纽约的抗议活动中，志愿者们全天候为抗议者准备食物，但反对喂饱那些充斥着 Zuccotti 公园的占位者、无赖和有前科者，认为不值得为他们供食。他们为

---

① 路易吉·津格勒斯："谁杀死了欧拉修·艾吉尔？精英理想之堕落"，载《城市杂志》，第 4 期，2011 年秋，另见 http：//www.city - journal.org/？2011/21_ 4_ meritocracy.html。

② 同①。

此罢工并中断供食长达 2 小时。①

今天，真正的争论不在于为"功劳"提供回报的道德性，而是"功劳"是由什么构成的以及怎样对其提供回报。知识分子和政治阶层对开放市场精英体制质疑的问题之一，用津格勒斯的话说就是"Lady Gaga 挣的钱比诺贝尔奖得主还多"，或者一名对冲基金经理好像没有"做什么事儿"却可以挣上千万美元的收入，远高于物理学家或者教师的收入。在自由市场中，努力工作的人会得到回报，但有时回报并不一定能达到预期的水平，或者可能看起来别人得到的更多。这是因为市场第一和最重要的是要回报价值——创新。经济学家布莱恩·卡普兰指出，价值与功劳在市场体系里是相关联的，但并不是完全关联的关系。②

津格勒斯相信，这就是精英体制"政治上的脆弱性"的关键所在。"在民主政治中很难维持。任何以功劳为基础的回报体系不可避免地都要给少数人以更高的回报，而让大多数人感到眼红"。

比尔·盖茨如何让你更富有？

比尔·盖茨因为参与共同创建的微软公司而变得富可敌国，这也让电子计算更加便宜和方便。全球数亿人购买了该公司的产品。而盖茨以及 1% 的富人为其他人创造的工作岗位、各种创新以及各种机会才是美国人（包括比较下层的人士）能享受更高生活水平的原因。例如，超过 72% 的美国"贫困"家庭拥有一辆汽车，超过 76% 的家庭拥有空调，有微波炉的家庭占到全国人口的 73.3%，大约 55% 的家庭拥有 2 台以上的电视机（其中 26%

---

① 赛利姆·阿尔加和鲍博·弗里德里克斯："占领华尔街，厨房员工抗议给占位者做饭"，载《纽约邮报》，2011 年 10 月 27 日，另见 http: //www. nypost. com/p/news/local/manhattan? /zuccotti_ hell_ kitchen_ i5biNyYYhpa8MSYIL9xSDL。

② 布莱恩·卡普兰："精英政治之现实状况"，经济与自由图书馆，2010 年 2 月 11 日，另见 http: //econlog. econlib. org/archives/? 2010/02/the_ reality_ of_ 1. html。

的家庭拥有宽屏幕电视)。① 研究表明，美国的"贫穷"在其他国家（包括瑞典之类的民主社会主义国家）不被认为是贫穷。瑞典自由市场智囊人士蒂姆布罗的一项研究表明：

"贫穷"是一个高度相对化的概念……比如，瑞典所有家庭中，有40%会排在美国低收入的家庭之列。以美国的低收入标准，更穷的欧洲国家会有更大数目的家庭归入低收入家庭行列。②

蒂姆布罗还指出："美国家庭平均拥有的住宅面积比欧洲的平均水平高出80%。"该研究总结道："经济发展良好，会让穷人相对更加受益。"③ 在自由市场精英体制下，更多财富被创造出来，施惠于所有人。

自由市场开创的更加开放的市场和创造的更多财富意味着更多人可以向前发展。最戏剧化的企业家创业故事只能来自于政府干预最少的市场领域，最具挑战性的成就也只能在政府干预最少的市场领域找到，如在计算与信息科技领域。这并非偶然。许多创业公司都是由大学生创建的，也有像Facebook创始人马克·扎克伯格这样的辍学者，以及几十年前的迈克尔·戴尔，他们在宿舍里创建了自己的以自己名字命名的公司。比尔·盖茨和保罗·阿伦创建微软时才刚刚20岁。这些有远见卓识的人并没有巴结有权势的官僚也取得了成功。他们只是拥有了一个能起飞的主意，并吸引了投资者投资。

直到最近的金融危机和政府机构的扩张，我们才发现，美国对待企业家比其他国家友好得多。这也是为何我们能够吸引各地有志建功立业的人

---

① 罗伯特·莱克特："美国的穷人有多穷？检讨美国的贫穷'苦难'"，传统基金会，2007年8月27日，另见 http://www.heritage.org/research/reports/2007/08/how-poor-are-?americas-poor-examining-the-plague-of-poverty-in-america。
② 弗莱德里克·伯格斯特罗姆和罗伯特·吉德哈格："欧盟对美国"，2004年6月，第21页，另见 http://www.timbro.se/bokhandel/pdf/9175665646.pdf。
③ 同②。

们，他们不仅来自亚洲，而且来自法国和德国。自由人士常喜欢谈论"美国梦的终结"，然而美国财政部的研究发现，自1990年代中期到2000年代中期的10年间，原则收入居第四位或者第五位的人大多至少上移了一个位数或更多。①

最近几年美国人的真实收入水平的确处于停滞状态。这也是美联储制造弱美元带来的不良政策后果。美元的走弱意味着薪酬不会增长。如果历史会自我重复的话，这种走弱应当是暂时的。1970年代也发生了类似的情形，导致社会上形成了对稳定美元币值的要求。

到美国来的移民从未关注过"收入不均衡"的状况，他们是来寻找机会的，不管他们来自何方，都拥有获得成功的同等机会。

"不均衡" 实为公平的另一个理由

如果辛苦的工作不能挣更多的钱，人们不会去做。如果某人的能力只够拿执行副总裁的薪水，怎样可能让他再承担作为CEO的所有责任和风险？他可能还是愿意留在原地。但我们需要CEO和其他担任高薪酬职位的人。国家医疗保障和医疗补助所支付的吝啬的赔偿金不能给医生的服务提供足够的补偿，这也是很多医生选择脱离这个职业的原因之一。

弗里德里希·冯·哈耶克解释道，我们在其他地方也注意到，价格与利润无非是市场在传递什么是好的或者什么是市场所需要的信息。更多地了解产品和服务的价值，你就能受益更多。比如，如果所有的电脑都卖1500美元，那你怎么知道哪一款更好一些呢？

工作做得好，收入和价格就更高，这就调动了人们的积极性。我们在前面第3章就讲过，更高的利润给生产商发出信号，使生产商扩大产量。

---

① 美国财政部报告："1996年至2005年间美国收入的流动"，2007年11月13日，另见 http://www.treasury.gov/resource-center/tax-policy?/Documents/incomemobilitystudy03-08revise.pdf。

更高的利润也鼓励人们改善服务质量和提高效率。我们教育体制的一个问题是，没有自我改善与提高的财务动机。我们不一定要讨论教师的绩效工资，而是要以更宽的角度看问题。不论教师们做得怎样，学校总能正常开学，并且教师总会有工作岗位。如果存在一种真正的教育买方市场的话，那么这种局面就会改变。好的学校就会因良好的绩效而吸引更多的学生并能够持续经营，而落后者将不能生存。

大政府不相信"富人"的真正原因

自由市场不会制造贵族体制，反而会摧毁贵族体制。无论从政治还是从经济的角度看，自由市场都不会支持永久不变的东西。

在中世纪的欧洲，市场成为一种权力的来源之后，就会让人们挑战处于统治地位的君主。历史学家杰克·威瑟福德引述了12世纪圣殿骑士——所罗门神庙的骑士团——的例子。打仗的骑士也从事宗教慈善事业，雇用了7 000人，拥有从欧洲到耶路撒冷的一系列城堡和房屋组成的网络。他们为"十字军"圣战筹措资金，这些资金后来被用来组成的金融机构事实上就是世界上第一家国际银行的前身。这些骑士简朴的斯巴达式生活掩盖了其拥有的巨大权力。用威瑟福德的话说，骑士团自身"变得富有而庞大，似乎超出了任何一个国家与国王的控制"。[①]

1295年，菲利普四世（法国的"公平"王）像之前及以后的所有国家元首一样，对金钱有着无穷无尽的欲求。他编造了骑士们"长生不死"的罪名，并作为借口攫取和没收了他们的财富。他最终让骑士团被废除。54名主要领导者被烧死在木桩上。

圣殿骑士被打败了，但欧洲的企业家精神远未消失。15世纪中叶，由银行家和商人们组成的美第奇家族以类似于圣殿骑士的方式兴起，汇聚

[①] 杰克·威瑟福德：《货币的历史》，第68页，纽约：三江出版社，1998年。

了巨大的财富与影响力。但这个家族也惹恼了一位国王，那就是法国的查理八世，在 1494 年入侵佛罗伦萨后，他驱逐了这个家族并没收了他们的财产。①

归根结底，君主们和其他专制的统治者们从来不会喜欢在他们控制之外的财富汇聚。

大政府 "少数主义" ——少数人的特权

很多人认为大政府提升了"平等机会"，是"公平"和"均等"的化身。但其真正鼓励的是少数人的私利。政治裙带主义和裙带资本主义将特权交给被偏爱的少数人——官僚精英们和他们的特殊利益选民。

在加拿大和欧洲的大政府医疗体系中，有关系的人常常跑到队伍的前端——那些因为医疗额度分配而没完没了地等着的人前面——并得到更快的治疗。就像一位颇受打击的加拿大人对《纽约时报》记者抱怨的，"如果你不是流血不止，就会排在次要的位置，当然除非你有钱或者认识什么人"。②

大政府的"少数主义"（Few-dalism）决定着富有争议却涉及面广的奥巴马医改豁免权的授予。该法律的金字塔式监管与限制让一些雇主不可能给大量的临时职员提供保险。因此，法案通过后，大家可能还记得麦当劳以及数百家企业立即寻求豁免的情形。到 2011 年春天，政府共授予 3 000 多份豁免书，覆盖了大约 300 万人或企业主。

排在第一个的麦当劳拿到了豁免权，没人觉得奇怪。让人感到难懂的是，数百份豁免书授予了作为政府的最大财务支持者的大工会（Big Labor

---

① 维基百科网站（Wikipedia.org）："美第奇家族"，另见 http://en.wikipedia.org/wiki/House_of_Medici。
② 克利福德·克劳斯："加拿大寻找改善其医疗体系的方法"，载《纽约时报》，2004 年 9 月 12 日，另见 http://www.nytimes.com/2004/09/12/international/? americas/12canada.html?_r=2&pagewanted=? print&position=。

unions）。这些工会包括美国食品与商业工人工会联合贸易医疗及福利信托（UFCW Allied Trade Health & Welfare Trust）、国际电气工人兄弟会第915号地区（IBEW No. 915）、石棉工人第53号地区福利基金（Asbestos Workers Local 53 Welfare Fund）、水管工与管道安装工第123号地区福利基金（Plumbers & Pipefitters Local 123 Welfare Fund）等。①

然后，2011年出现了前众院议长南茜·佩洛西的国会选区企业的豁免潮。根据美国《电话日报》（Daily Caller）新闻网站报道，这些新的豁免接受者并不仅仅是大企业和工会，而是"美味小吃店、狂热夜总会、奢靡酒店"，这其中包括Boboqivari餐厅。根据该新闻网站的调查，"其广告的菜单包括59美元的上等腰肉牛排、39美元的烤里脊肉和35美元的蟹宴"。②

这些企业与遍布全国的数不清的小企业并无太多不同，为什么它们能拿到豁免？而奥巴马政府还坚持认为这是对所有美国人有好处的法案。

大政府的裙带主义绝对不会做的就是提升公平。这侵害了在一个有道德社会里十分关键的法律规则的公平性。如果我们想要维护一个发挥作用的民主体制，用美国企业研究所迈克尔·巴隆（Micheal Barone）的话说，"法律就要适用于所有人"。③

对于大政府的"少数主义"，共和党与民主党负有同样的责任。在乔治·布什在任期间，"卡特里娜飓风"之后政府授予建筑合同中的豁免存在

---

① 美国医疗与公共服务部："多企业主计划：年度限额要求豁免的批准应用情况，2012年1月6日"，顾客信息与保险监督中心，另见http：//cciio.cms.gov／。
② 马修·博伊尔："接近20%的奥巴马新医改的豁免者为南茜·佩洛西地区的Gourmet餐厅、夜总会和奢华的酒店"，载《电话日报》，2011年5月17日，另见http：//dailycaller.com/2011/05/17/？nearly‐20‐percent‐of‐new‐obamacare‐waivers‐are‐gourmet‐restaurants‐？nightclubs‐fancy‐hotels‐in‐nancy‐pelosi%E2%80%99s‐district／。
③ 迈克尔·巴隆："奥巴马法律的裙子原则，以报答同伙，惩罚敌人"，载《人事杂志》，2011年5月26日，另见http：//www.humanevents.com/article.php？id=43727。

的偏向就受到了广泛的批评。政府的"少数主义"也会采取给企业授予垄断权力的方式，正如国会 1984 年对地方有线电视运营商所做的那样。赢得经营权并成为当地有线电视运营商的公司，在支付牌照费之外，必须拿出巨资为当地政客偏爱的节目提供资金。然后呢？有线电视账单以两倍于通货膨胀的速度上涨。这就是大政府"少数主义"的典型情形，受偏爱的少数人受益，却由大众出钱。

从衣衫褴褛到寻租

占领华尔街的抗议者们和支持者们认为，如果政府有更多权力，则社会就会更"公平"一些——富人与穷人之间的鸿沟就会收窄一些。

这是令人可怜地被误导了。在政府主导的社会里，要想致富更加困难。有些人虽然做到了，但他们不是提供了有真正价值的产品和服务，而是从经济学家所谓的"寻租"中获得利润，即将政治环境资本化。

胡佛研究所的保罗·格利高里解释了自由市场下的财富创造与政府主导的社会下发生的寻租行为之间的区别。在自由市场下，他解释道，财富创造是——

> 创新、努力工作、深刻洞察，甚至是运气的结果。企业家能够创造巨大财富的情形是，他们有一个更好的主意（亨利·福特的装配线），发现和开发了新产品（微软的 Windows 或者谷歌的搜索引擎），看到了一个新的商业模式（山姆·沃尔顿），或者仅仅是在恰当的时间出现在恰当的地点……

> 另一条通向个人财富的负面路径为通过政治关系游说以从国家那里获得利益，暴力去除竞争对手，或者对公共资源直接进行窃取。那些以第一种方式创造财富的人也制造了就业岗位，提升了生产力，并为经济福利做出了贡献。而采用第二种方式的人则是"寻租者"，他们从

增长与福利中抽取他们自己的利益。①

在一个大政府主导的经济体中，从衣衫褴褛到富可敌国不是由欧修拉·艾杰尔（Horatio Alger）式的、凭借自由市场上的功劳与美德、通过努力工作得来的，而是通过寻租得到的。政府规模越大、行为越缺乏规范，就有越多的财富创造是通过有些人很好地顺应政治偏爱的方向而获得的。

在政府主导的国家，仍然存在一个"1%"。不同之处在于，这些国家的富人从政治偏袒中收获利益，而且他们会比普通大众富得多。

胡佛研究所的保罗·格利高里有一项很有意思的观察，这项观察认为，由国家运营的社会里，垄断寡头比美国这样的市场经济下的1%要更有权势得多。以企业创造财富的人，如比尔·盖茨、沃伦·巴菲特和拉里·艾利森创造的财富占国家GDP的比例，要比通过国家创造财富的俄罗斯亿万富翁的财富占国家GDP的比例小。

> 在这些国家（美国、欧盟国家、韩国），最高等级的财富拥有者通常扮演着企业家的角色，他们的占比通常为1%~2%。从他们对经济体的贡献来看，他们获得的财富回报显得比较适度。在乌克兰和俄罗斯，前10名富翁占GDP的比例约为4%~6%，相对于其对总体产出和福利的负贡献或者可疑的贡献来说很高了。②

大多数俄罗斯的"1%"因为与政府的关系而控制着过去由国家拥有的资产。美国可能没有俄罗斯那样的寡头垄断者，但美国大政府的裙带关系却正在制造百万富翁。在国会议员中，寻租长期以来一直是共和党、民主

---

① 保罗·格利高里："贪官、寡头和亿万富翁企业家们"，载《保罗·格利高里微博里写了什么》，2012年3月1日，另见http://paulgregorysblog.blogspot.com/2012/03/kleptocrats?-oligarchs-and-billionaire.html。

② 同①。

党两党的一项传统。斯坦福大学胡佛研究所的彼德·施韦策（Peter Schweizer）在他备受争议的书《把他们扔出去》中揭示了从政治影响力和内部信息中渔利的情况是家常便饭。国会并不以支付高薪而闻名，但美国参议员或者众议员的工作可是油水丰厚的。

施韦策写道，一项研究发现，国会议员"与其他美国人相比，积累财富的速度较预期快50%"。他说立法者们"在2004年到2006年间平均净财富以令人惊讶的84%的速度飙升"。在经济衰退期间，当国家的其他人越来越穷时，他们的净值还是增长的，虽然增速没那么快了。[①]

直至最近，那些可以制定影响企业行为法规法律的国家立法者们还可以不受私营部门所受到的对内幕交易的限制，自由地买卖股票。一项对国会参议员的4 000桩股票交易的研究表明，平均来看，他们一年内战胜市场12%，高于企业领域投资者的回报率（众议院议员也有着很好的纪录）。

由于施韦策著作的出版掀起的轩然大波，国会最终于2012年通过了新的法案，禁止了内幕交易。但施韦策并不觉得会怎样。考虑到华盛顿现有的运作方式，他不相信这些禁令会得到有效的执行。毕竟美国证监会和联邦调查局的拨款全都是来自……国会。

立法者也以其他方式赚钱。丹尼斯·哈斯特尔特（Dennis Hastert）在国会干了20年，且在1999—2007年间担任国会众议院议长期间购买了超过100英亩的农田。他对某项交通用款指定了用途，从而在邻近地区建造了一条2.2亿美元的高速公路。于是这片农田价值翻了一倍，等他出售这项财产时，赚了上千万美元。[②]

"很多（华盛顿的立法者们）就职时身价卑微，离开时则腰缠万贯，这是不对的。"施韦策说。

[①] 彼得·施韦策：《把他们扔出去》，第17章，奥兰多，佛罗里达州：霍顿·米夫林·哈考特，2011年。

[②] 同①。

裙带主义也影响着谁能拿到政府的贷款和补助金。这里我们只引述一个例子。2009年经济刺激政策下，能源部拨款和政府担保的贷款常常投向奥巴马的竞选捐助者们。最有名的"绿色贪腐"案例是索林德拉——一家运气不佳的太阳能电池板生产商，受到奥巴马总统的筹款人乔治·凯瑟的支持，拿到了5.35亿美元纳税人的钱后破产。

另一个受益者是前副总统阿尔·戈尔。有人预言，戈尔可能会成为世界上第一位减碳的亿万富翁。政府有大量合同授予克莱纳·珀金斯（Kleiner Perkins）公司，而他是该公司的合伙人。①

此类交易，无论是在"绿色"科技方面还是在其他领域，都意味着政治关系和影响力正取代公平和真实的竞争。施韦策写道：

> 努力工作与创新应当是美国经济的驱动力。但在华盛顿，裙带关系已经将这些经济体发展的引擎抛到九霄云外去了。②

大政府的裙带资本主义，正是那些占领华尔街的抗议者们和其他人认为是"有失公平"的华尔街利润与奖金的重要来源。曼哈顿研究所的弗雷德·西格尔（Fred Siegel）发表了一个观点但却被大家忽略了，即政府对金融行业的扭曲常常是产生这些规模庞大的收益的原因。他说，布什与奥巴马的救援计划，以及经济刺激资金和接近于零的利率，人为地支撑起了各家大银行。自1960年的大社会计划以来，政府机构的扩张帮助制造了巨型的政府工会组织，其养老资金成为华尔街资金的主要来源。正如西格尔在《华尔街日报》上发表的观察文章所说的那样，"华尔街从债券上挣钱，而这些债券正是为了给纽约公共部门的员工付钱而挂牌交易的"。他建议说，

---

① "阿尔·戈尔可能成为世界上第一位减碳亿万富翁"，载《每日电报》，2009年11月3日，另见 http://www.telegraph.co.uk/earth/energy/6491195/Al-Gore-could?-become-worlds-first-carbon-billionaire.html。

② 彼得·施韦策：《把他们扔出去》，第16章。

占领华尔街的抗议者们别搞错了,你们应当抗议华盛顿的做事方式,而不是华尔街。①

大政府如何腐败

裙带资本主义常常因为有一些"贪婪"的公司而遭到谴责。但是大政府,而非企业,才是驱动腐败的根由。毕竟政府才是偏爱利益集团的分派者。就职后不久,奥巴马总统宣布,在他的任期内将大幅削减为政治目的而雇用游说者的开支。他要求他管理下的白宫向游说企业代表公布所有的会议。

游说者的人数过多被视为企业影响力过度的表现,受到政治"左"派与"右"派的共同谴责。但批评家们忘记了为何游说者会存在。政府越有权势,就越有能力摧毁你的生意或帮助你的企业。比如,广播公司传统上就有着很强的游说影响力,因为大政府决定了谁能使用空中电波。巨型零售商,如沃尔玛,想让政府迫使银行对借记卡收取较低的刷卡费。大政府的自有财产也吸引企业来寻求利润丰厚的合作。

著作家和《国家评论》专栏作家约拿·戈德伯格(Jonah Goldberg)说:"随着政府规模与管辖范围的扩大,恳求政府的企业数量也增加了。1956 年,《协会百科全书》收录了 4 900 个集团,而今天收录的则超过23 000个。"②

一家企业如果只关注自己的客户以及有竞争关系和以老模式做生意的那些企业,那么这种做法是十分危险的。20 年来,微软没有太关注华盛顿的存在。结果一项为期数年、规模庞大的反托拉斯行动让微软花掉了超过10 亿美元的罚金与律师费。今天,这家公司在华盛顿特区设立了代表处,并雇用了若干家有影响力的游说公司和一些从事游说的个人,以保护公司

---

① 马修·卡明斯基:"新坦慕尼厅",载《华尔街日报》,2011 年 11 月 26 日,另见 http://online.wsj.com/article/? SB10001424052970203716204577016092542307600.html。
② 约拿·戈德伯格:《自由派法西斯主义:美国"左"派的秘密历史,从墨索里尼到意义政治学》,第 305 页,纽约:双日出版社,2008 年。

的利益。

Facebook 自 2004 年成立以来，几年时间就成为资产达几十亿美元的巨型公司，它不会再犯同样的错误。2011 年，这家公司考虑到政府可能的隐私限制政策，于是在华盛顿开设了一间崭新的 8 000 平方英尺的办公室，其员工包括一位来自美国市民自由联盟（American Civil Liberties Union，ACLU）的前隐私政策专家。谷歌，另一家由创业企业成长起来的巨型公司，每年用于游说的资金也达到数百万美元。

这些公司以及不计其数的其他公司花费大价钱用于游说，原因很简单，他们已经得出结论，如果公司不花钱去获得政治保护，那么监管机构以及野心勃勃的司法部律师们会活吃了自己。最后每一个重要行业和公司都在华盛顿设立了机构，从广播公司到电信公司再到全国餐饮协会。

政府权力以及对政府权力的担忧，正是带来大量寻惠活动（favor-seeking）的原因。如果我们没有那么多官僚机构、法规、监管，那么还会有多少游说者呢？可能比当今要少得多。

当各家公司寻求保护自己的利益、找寻重新定义政府决策与政策的方法时，这些腐败又会滋生更多的腐败。大政府裙带关系的典型情形是，被监管者常常最后影响了监管者。

最近最糟糕的案例之一就是联邦政府和按揭巨头房地美、房利美之间不断上演的复杂的关系。这两家企业最初都是政府机构，后来成为"政府发起的企业"（Government-Sponsored Enterprises，GSEs），即由联邦政府创设的公共企业。

房地美和房利美多年以来被市场认为实质上是山姆大叔的左膀右臂，因为它们在财政部有信用额度，但它们是需要监管的公共企业。不幸的是，很少或者根本没人监管它们。它们与联邦政府的关系比腐败还糟，这也是导致住房市场崩盘的一个主要因素。

格蕾琴·摩根森（Gretchen Morganson）和乔什·罗斯纳（Josh Rosner）将两个按揭巨头与一系列管理机构不正常的共生关系编入他们的优秀著作

《鲁莽濒危：野心、贪婪与腐败如何引致经济末日》一书中。他们回忆道，1990年代，房利美与克林顿政府结成了一种"前所未有的合作伙伴关系"，双方拥有一个共同的使命，并互相满足对方的需求。而比尔·克林顿则推动70%住房自有率目标的达成，但这一策略并不是对糟糕经济时期的一种反应。摩根森和罗斯纳指出，这就是赤裸裸的政治关系，"居者有其屋。这简直就是繁荣的1990年代版的大萧条时代'锅里炖有鸡'"。①

房利美和房地美的高风险业务模型适应了政客们的政治需求。而房利美在推动这一政治目的时可谓超级积极。该书的两位作者写道，房利美"将操纵立法者、阉割监管者和致富高管层的艺术发挥到了极致"。②

真是到处发钱啊！根据《投资者商业日报》报道，大约384名政客收到过房利美和房地美的捐款，他们在1989—2008年间用于游说和政治活动的资金达到2亿美元。③ 国会议员巴尼·弗兰克（Barney Frank）是当时权倾一时的住房金融服务委员会主席和房利美的狂热拥护者，是那些接受房利美和房地美竞选捐款的个人之一。房利美甚至捐了一大笔钱给"结束老年无家可归者委员会"，而弗兰克的母亲则是该委员会的联合发起人之一。房利美还雇用了该委员会的合伙人作为高管。④ 总统竞选人纽特·金里奇因为接受了房地美价值不菲的咨询费而饱受批评。其他一些收到竞选资金的人包括当时国会议员和参议院银行委员会主席克里斯托弗·多德，以及当时的国会议员巴拉克·奥巴马。

由于这些努力，房利美得以成功地推动贷款条件的放松，即仅依据5%的首付款就进行贷款。而这个标准又被整个行业所采用，从而推动了病态的贷款狂热，正是这种狂热埋下了房地产泡沫破灭与金融危机的祸根。华

---

① 格蕾琴·摩根森和乔什·罗斯纳：《鲁莽濒危：野心、贪婪与腐败如何引致经济末日》，第1页，纽约：时代图书出版社，2011年。
② 同①。
③ 杰瑞·麦克康奈尔："给房利美和房地美分派责备"，加拿大自由媒体，2008年10月31日，另见 http://www.canadafreepress.com/index.php/article/5949。
④ 同①。

盛顿的大规模腐败和大政府的裙带主义近乎毁掉了整个美国经济。

在地方层面，情况可能已经变得特别庸俗化。裙带资本主义在纽约州的整个政治官僚机构中非常盛行，尤其是在纽约城。2011年，印度社区集团从老克里德莫医院（一家州政府拥有的医院）处买下4.5英亩的土地，价格为180万美元（在以高不动产价格闻名的纽约地区，该价格低得让人惊讶），而那片地的总市场价据说接近730万美元。

正常情况下，纽约的州属土地要以最高价原则进行拍卖。希思·哈顿（Heather Haddon）在《纽约邮报》上撰文说，老克里德莫医院的资产处理属例外情况。2006年通过的特别立法授权以低于市场价的价格向印度社区集团出售，同时授予的还有在该物业上建筑的一个社区中心和一些公寓。让这些特别授权更加引人注目的是，买家已经破产。2009年，印度社区集团的赤字达22 000美元。

很清楚，州官员们非常努力地促成了这项州土地的转让交易，将其以低于市场价的价格转让给亏钱的社区集团，而埋单的是纳税人。为什么？哈顿回答道："该集团拥有丰富的政治资源，包括该集团集中居住于皇后区东区的印裔美国人的网络的强大力量。"[1]

规模较大的州雇员年金基金的投资决策中同样存在着腐败与裙带关系。私募股权公司争相拿到这些基金的业务，而后者则由州官员所控制，这可能意味着几千万甚至几亿美元的投资。2011年，前纽约州审计长阿兰·何维西（Alan Hevesi）——纽约城市长的前候选人，承认因批准以2.5亿美元投资于马克斯通资本合伙公司（一家私募股权基金）后，收受"交钱才进"（Pay-to-play）式的回扣高达100万美元，被判4年监禁。[2]

---

[1] 希思·哈顿："拿地背后的玩家：秘密交易是如何达成的？"载《纽约邮报》，2011年7月3日，另见http://www.nypost.com/p/news/local/queens/?players_behind_land_grab_kcVRcK0m1iDyAttemKYR1N。

[2] 新闻发布："前审计长阿兰·何维西因'交钱才进'养老金回扣计划而获刑4年"，载《纽约州总检察长》，另见http://www.ag.ny.gov/media_center/?2011/apr/apr15a_11.html。

同时入狱的还有何维西的长期政治顾问——汉克·莫里斯（Hank Morris）。作为中间人或者"承销代理"，莫里斯将退休基金业务带入投资公司，为自己拿到了 1 900 万美元的费用。之后，他承揽了何维西选举中的募捐工作。"交钱才进"的指控也包括了对其他州专管退休基金的官员及投资基金经理的指控，这里面就有加利福尼亚州，该州的一个退休基金投资了韦瑟利资本集团，而该集团又是一家莫里斯所代表的公司。①

大政府对大量资源的控制以及拥有的行业发展权（更不必说官员与政府人员取悦其政治恩主的需求）都会形成大量的政治腐败。更糟糕的是，与私营部门不同，官员们可以自由地行使手中的巨大权力，而不必对客户及股东负责。他们根本不用担心他们的行为会让其雇主（政府）经营不下去。从透明度与责任心的角度来看，政府行为也是比较不规范的。对于不诚实的个人而言，他有机会卷走几乎所有东西，而有些人的确也是这么做的。

大政府的裙带主义压倒了"小家伙"

政治家们会告诉你，大政府的法规和监管对于反对"不公正"和帮助"小家伙"是非常必要的。真正的不公正却正是政客们基于不切实际的观念建立起的监管法规对经济体以及美国人民所造成的损害。的确，正如我们曾经强调的，小政府对于保护个体和企业免受欺诈及其他犯罪行为的侵害是必要的。但咄咄逼人、专横无忌的微观管理经济体的大政府，其通过的法律法规却很少能帮助规模较小的市场主体和整顿竞争秩序。大政府反而会压制小规模、未成熟的企业主体，强化现有优势主体的地位。

---

① 莎伦·库兹："加利福尼亚州企业跟纽约年金丑闻中的人物分摊费用"，Pro Publica，2009 年 4 月 22 日，另见 http：//www.propublica.org/article/california-firm-?split-fees-with-figure-in-ny-pension-scandal-422。

国会2010年通过的2 300页的《多德—弗兰克华尔街改革与保护法案》本应保护小机构和预防像2008年那样的金融恐慌与动荡。但这一法律怪胎——金融行业版的《奥巴马医改法案》——并没有达成任何预期的目标。它漠视此次金融危机的肇始之因，包括我们曾说过的房利美、房地美及美联储的角色等。

《多德—弗兰克华尔街改革与保护法案》无意中强化了"大而不倒"的信条，对大机构实施了援助。该法案把更多的权力交到监管者的手里，而监管者作为典型的官僚机构的成员，是不可能承认他们的失察的。因此，他们会去救助一家机构而不是任其倒闭。大的金融机构从中受益，它们能够以较低的成本获得资本，因为市场相信它们会得到政府的救助。

这一幕已在历史上上演过。一家小机构——CIT金融公司最近被允许破产，其借款成本高于通用电气——一家大型的竞争对手公司。两家机构借贷成本的最大差异，不是它们各自的规模不同，而是大家相信山姆大叔不会让通用电气破产。

CIT金融公司的经历反映出，因为《多德—弗兰克华尔街改革与保护法案》的存在，规模较小的金融机构遭到打击而破产。前联邦存款保险公司主席威廉·伊萨克（William Issac）写道，《多德—弗兰克华尔街改革与保护法案》推行的金融改革实际上就是将7 000家小银行"推下水"。这一法律怪兽，用伊萨克的话说，是"将会为社区银行再堆上10 000页的监管新法规的"。合规的成本将十分巨大。尘埃落定时，只有最大的几家银行，如花旗银行以及美国银行，才可以生存下来继续竞争。伊萨克写道：

最近一次的华盛顿会议上，大约1 000家各种规模银行的银行家们作为成员参会。会议提问者问如果他们相信资产规模低于1亿美元的银行还有前途的话，请举起手，没人举手。对5亿美元资产规模的银行再问同样的问题时，有50%的人举起了手。这对美国的小型社区和中小企业可不是个好兆头。①

大政府的裙带主义也是政府滥用征收权的核心。地方政府强制要求拿个人和企业的私有财产用于商业开发。"征用权"是指詹姆斯·麦迪逊塞入《美国宪法第五修正案》的"公用征收条款"。该条款要求，私有财产不应拿来公用，除非进行合理补偿。丹尼尔·达尔顿在《公众公司法季刊》上撰文指出，麦迪逊"希望该条款会'让人民牢记财产权的神圣不可侵犯'"。②

1940年代以前，政府会引用"征用权"，没收私有土地而用于公共项目，像高速公路、航道、国防设施以及政府机场的公共建筑。随着1940年代及随后的1950年代大萧条期间，以及之后美国城市翻新运动中积极主动型政府的不断发展，"公共使用"的定义开始变化。达尔顿写道："历史上政府第一次提出了大规模的住宅财产的征收充公，目的是再移交给私营开发商。"他写道，今天的法律已为"城市开发、建造大型购物中心和大型零售商店打开方便之门"。

在2005年臭名昭著的克罗对阵新伦敦（New London）的案件里，最高法院判决，康涅狄格州的这个镇可以拿走私有财产而用于经济发展的"公共目的"，即该项目可以创造就业机会。房屋所有人克罗被迫把她的粉色小屋建造到另一地点，她的邻居们被迫购买另一处的房子。

公众因此受益了吗？新伦敦镇有意没收土地，为了建一座高档零售购物中心，并希望以此诱使辉瑞公司扩大其在当地的业务。但辉瑞带着它的1 400个工作岗位最后还是离开了。即使这种开发项目最后得以通过，对克罗的判决以及绑架征用权来取悦政治关系的情况在道德上仍然是错误的，

---

① 威廉·伊萨克和罗伯特·史密斯："监管法规正在活埋小银行"，AmericanBanker.com，2011年4月4日，另见http://www.americanbanker.com/bankthink/regulations‐?are‐burying‐small‐banks‐alive‐1035395‐1.html?zkPrintable=true。
② 丹尼尔·达尔顿："征用权的历史"，载《公众公司法季刊》，2006年秋，第3号，另见http://www.michbar.org/publiccorp/pdfs/fall06.pdf。

是一种对政府权力的滥用。

如果有人怀疑在"征用权"里存在着政府的裙带关系，那就再看看坐落于富足的长岛北岸的迪普代尔高尔夫俱乐部（Deepdale Golf Club）的案子吧。2006年，这家俱乐部成功地挫败了北山镇（town of North Hills）没收其土地的企图。虽然Kelo案已经判决，但迪普代尔的支持者们成功地拿到了由州立法机构通过的特别立法，禁止北山镇拿走俱乐部的财产。[①] 高尔夫俱乐部为什么能够避免克罗及其邻居们的厄运呢？原因可能是这家有历史的俱乐部有深厚的政治渊源关系。这家俱乐部的会员包括金融与媒体领域的重量级人物，如汤姆·布洛考（Tom Brokaw）、西恩·康纳利（Sean Connery）和皮特·彼德森（Pete Peterson）[②]。这个例子的道德含义为，在大政府的裙带资本主义关系中，口袋最深的人能拿到优惠，而"小家伙们"就被玩弄了，这既不道德也不公平。

反托拉斯的道德骗局

《反托拉斯法》呢？政府的《反托拉斯法》不是应当保护小规模的企业主吗？再仔细反思一下，《反托拉斯法》以"公平"之名付诸实施，实际上代表了大政府能够不公平地惩罚"过度成功者"的权力。

要政府来平息市场权势过大的大公司，这种想法实际上是一种一厢情愿的事情。被《反托拉斯法》盯上的那些公司很少有真正进行垄断经营或曾伤害过消费者的。经济学家多米尼加·阿曼塔诺（Dominick Armentano）研究了55桩历史上反托拉斯的举措，发现在每一个单一案例中，这些目标

[①] 约翰·费恩斯坦："敌意收购：实力雄厚的俱乐部如何打败政府的征用权"，载《高尔夫文摘》，2006年11月，另见http：//findarticles.com/p/articles/？mi_ m0HFI/is_ 11_ 57/ai_ n16832692/pg_ 4/。

[②] 兰道尔·史密斯："发球：当小小球童遇到华尔街"，载《华尔街日报》，2004年2月10日。

公司往往正在不断创新、降低价格、扩张生产和为顾客提供更多的便利。①那么，为什么这些公司会被盯上，认为违反了《反托拉斯法》呢？因为利用政治关系寻租的竞争对手大公司说服了监管者，而这些公司有"不公平的优势"。

以著名的微软反托拉斯案为例，这一调查受到大型公司如 Sun 微系统公司和甲骨文公司等的支持。微软是不是真的变得太过强势了？不太像。10 年前，大多数人已经用上了个人电脑。而即使如此，市面上也还是有微软浏览器的替代产品，人们可以在电脑上安装这些替代产品。

反托拉斯，像大多数其他大政府干预政策一样，强化了现有公司的地位，惩罚了企业家的创新行为。微软从全球反托拉斯的侵扰中活过来了。10 年之后，该公司马上要面对一个激烈竞争市场上新一代的创业公司（如谷歌）的挑战。微软干了些什么？2011 年，微软在欧洲提起了针对谷歌的反托拉斯诉讼，起诉这家网络巨头从事妨碍竞争的行为。

在美国，谷歌的执行主席、惊魂未定的艾瑞克·施密特（Eric Schmidt）被传唤至参议院司法委员会反托拉斯小组，回应其公司是否是垄断者的相似指责。在接受《华盛顿邮报》采访时，他毫不隐瞒他的疑问：

> 于是我们被拉去见国会议员，因为我们开发的一款免费产品服务了 10 亿人，明白吗？我是说，我不知道怎么才能讲得更明白……这不像是我们抬高了价格。我们降低了价格吗，从免费到倒贴？你明白我的意思吧？②

---

① 阿曼塔诺："一项政治导向不正确的反托拉斯政策"，载《米塞斯日报》，2007 年 9 月 15 日，另见 http：//mises. org/daily/2694。
② 丽莲·坎宁汉姆："谷歌的艾瑞克·施密特在国会证言中的详解情况"，载《华盛顿邮报》，2011 年 10 月 1 日，另见 http：//www. washingtonpost. com/national/on－leadership/googles－？eric－schmidt－expounds－on－his－senate－testimony/？2011/09/30/gIQAPyVgCL_ story. html。

裙带资本主义如何破坏财富创造

大政府的少数人特权主义是不符合道德的，不仅仅是因为不公平，还主要是因为拖累了经济的发展。这是因为（就像我们曾解释的）大公司常常可以碰到好时机和好运气，而为经济体提供大部分增长和创新的小公司却难以崛起，因而企业家精神、创新和就业创造就会受到影响。这不是在创造财富，而是在毁灭财富。探索研究所（Discovery Institute）的布鲁斯·查普曼（Bruce Chapman）引述了伊利诺伊州的例子。受到债务的重压，州政府给摩托罗拉、大陆轮胎（Continental Tire）和其他大公司以特别税收优待，因为这些公司的就业岗位与税是州政府不能缺少的。同时，他写道，"拿不到税优的是'小家伙们'、小型和中型企业，它们也想早日成为大企业，如果政府不是一直给它们增加成本的话"。①

政客们常常大谈美国人需要增加制造商品的业务活动，出口更多商品。但大政府的裙带主义却会带来贸易战，而让这一目标更难以企及。最近的一个例子是，2009年禁止墨西哥民用卡车进入美国，是政府受到来自卡车司机工会的压力而实施的。墨西哥的卡车不能直接通过边境进入美国，而是被要求在边境卸下货物，这些货物又被重新装上由卡车司机工会会员驾驶的卡车。结果，墨西哥的回应是在美国的货物上增加了24亿美元的关税。而对于我方而言呢？由于当局对卡车司机工会的政治偏向，从加利福尼亚、华盛顿等州农庄出口到墨西哥的产品也增加了20%的成本。直到2011年春天，美国和墨西哥才最后同意终结禁运和报复性关税。

大政府的裙带主义不仅导致了价格上涨，而且许多产品和服务可能永远也不会被开发出来，因为经济体的资本被挪作政治用途，像那些"绿色"

---

① 布鲁斯·查普曼："高税收与高裙带关系相关联"，载《探索新闻》，2011年5月14日，另见 http：//www.discoverynews.org/2011/05/? high_ taxes_ correlates_ with_ hig046601. php。

岗位一样。我们不仅会面临一个下行的经济体,而且更严重的是,我们会对市场体系失去信心。

哈佛大学和麻省理工的研究人员研究了国家政策的"公平性"以及美国和欧洲不同的投票方式如何产生影响,他们发现了一个恶性循环的情况:

> 如果一个社会相信,个人努力将决定收入水平,并且所有的人都有权利享受自己努力的成果,那么这个社会将选择较低的再分配水平和低税收……如果一个社会相信运气、出身、关系以及腐败决定财富的分配,那么它就会抽更多的税,于是资源配置就会扭曲,这些信念就自我实现了。①

大政府的裙带主义尤其阴险,因为它是自我加强的。情况变得越糟,人们就越可能转向寻求政府帮助来解决。结果常常是,人们会投票选举出一套新的监管规则和新限制条件,但却更少公平,也更少自由。

阿根廷合众国?

不止一位观察家曾表示过这样的忧虑,即当今的美国是否正在变成北美版的阿根廷。那个四面楚歌的南美国家遭遇了一次又一次的经济危机,这些都是实施大政府裙带主义政策的后果。在《金融时报》的一篇广受称赞的文章里,记者阿兰·贝蒂(Alan Beattie)提醒我们,不论你是否相信,阿根廷曾一度被看做是"机会之地"。

不到一个世纪之前,美国和阿根廷曾是竞争对手国。两个国家都在20世纪之交投入全球化的浪潮之中。两个都是年轻、充满活力的国家,

---

① 阿尔伯托·阿莱西纳和乔治-马里奥斯·安吉利托斯:《公平与再分配》,2003年12月草稿,第1页,另见 http://www.najecon.org/naj/cache?/122247000000000306.pdf。

有着肥沃的土地和自信的出口商。两个国家都在向它们的欧洲殖民宗主国输送来自新世界的牛排。1930年代大萧条之前，阿根廷是全球最富有的前10个经济体之一。19世纪末，希望摆脱贫困的意大利和爱尔兰移民面临着两种选择：布宜诺宜斯艾利斯还是纽约？南美大草原还是北美大牧场？①

美国和阿根廷均发端于农业国家和边境拓荒运动。但关键的不同在于，贝蒂说，美国倾向于创造一个分散化的开放社会，而阿根廷则将国家土地和其他资源的控制权交给富裕的上层社会和中央集权政府。他写道：

> 两个国家均向西部发展，美国向太平洋发展，而阿根廷则向安第斯山脉发展，但方式有所不同。美国政策向开垦者倾斜，而阿根廷则支持地主，于是特权得以强化。逃往阿根廷的欧洲移民逃离了欧洲拥有土地的贵族阶层，却在新世界重新创造了一个贵族阶层。这种相似性远非表面现象。1860年代和1870年代，地主们不重视农村生活和农业生产的实际状况。许多人过着精致、漂泊的城市生活，将他们的时间浸淫于欧洲的文学与音乐。他们庆祝乡村生活的最接近的方式是马球比赛，一种贵族版的乡村追求与阿根廷运动员式的优雅的结合。即便是玩马球的时候，他们也采取了一种精英体制，即著名的布宜诺宜斯艾利斯马球俱乐部。19世纪末，一些人开始送他们的孩子上伊顿中学。②

阿根廷的经济政策自此开始重点保护统治精英的利益。贝蒂说，该国的著名政治强人胡安·贝隆（Juan Peron）在1940年代中期鼓励"个人崇拜

---

① 阿兰·贝蒂："阿根廷：从未成为现实的超级强国"，载《金融时报》，2009年5月23日，另见http://www.ft.com/intl/cms/s/2/778193e4-44d8-11de?-82d6-00144feabdc0.html#axzz1lHE0C24T。
② 同①。

和推动纳粹式的经济自给自足的'社团主义'（Corporatism），一种由强势政府、有组织的劳工和多行业综合体共同引导与管理的经济成长体"。①

阿根廷的精英主义、保护主义政策使国家向内转。阿根廷对出口征税，不鼓励对外贸易。这个国家想建立一种福利社会国家。为支付其奢华享受的开支，阿根廷大量负债并通过印制更多比索来刺激经济，从而遭受了过度刺激经济后出现的问题。最近的几十年里，该国承受着一系列货币危机和高达5 000%的超级通货膨胀的不断发作的折磨。贝蒂回忆道，在1989年，超级通货膨胀仅仅用了几个月的时间就卷走了阿根廷人民一辈子的积蓄。他引述了一位记者的故事，在这名记者写一小段有关此次经济灾难的短文期间，"他正在抽的香烟的价格从11奥斯特拉尔涨到了14奥斯特拉尔（一种只延续了数周的新货币单位）"。②

不幸的故事还在继续。2011年阿根廷的价格水平以每年大约25%的速度上涨，仅次于委内瑞拉，情况非常严重。一位连锁杂货店的老板"每天一拿到供货商的新清单，就都要改店里商品的价格。一些商品的价格涨幅从每个月5%到每周5%~10%"。他告诉记者，"如果我不调整价格，很可能会出现商品的售价低于新进货的成本的情况"。③

卡托研究所的丹·米契尔像贝蒂一样，相信阿根廷的故事是"对美国的一种警示"。

> 阿根廷的经济体，无论从哪一点看，都是一个巨型的房利美/房地美/奥巴马医改/通用汽车/高盛奥巴马式的反乌托邦。政府对每一项重

---

① 阿兰·贝蒂："阿根廷：从未成为现实的超级强国"，载《金融时报》，2009年5月23日，另见http://www.ft.com/intl/cms/s/2/778193e4-44d8-11de?-82d6-00144feabdc0.html#axzz1lHE0C24T。
② 同①。
③ 爱莲娜·拉祖斯基："费尔南德斯拥抱25%的通货膨胀，无人为此哭泣"，载《彭博新闻》，2011年5月29日，另见http://www.bloomberg.com/news/2011-03-29/no-one-?-cries-for-argentina-embracing-25-inflation-?-as-fernandez-leads-boom.html。

要的经济决策都拥有巨大的影响力。这就像是身处"地球颤栗"(Atlas Shrugged)当中,因为政治关系才是致富之道。①

问题是,在巴拉克·奥巴马统治下,大政府监管、开支和税收持续增加并达到新高度,这会给未来带来什么?《福布斯》出版商和专栏作家里奇·卡尔加德(Rich Karlgaard)曾指出,二战以来美国繁荣的基础是 GDP 以年均 3.3% 的速度增长。这一增长并非由大公司推动,而是依靠我们市场的精英分子们从小规模的创业公司成长为大公司的能力。作为企业界智库的考夫曼基金会(Kaufman Foundation)的研究表明,"美国的历史性成功的 X 因子",即对一国经济增长最重要的单一贡献因素,就是 20 年内从创业公司增长为 10 亿美元营业收入的公司的数量。卡尔加德说:

> 是的,我们愿意让我国的大型跨国公司(苹果和 IBM、沃尔玛和埃克森美孚)成功经营。它们的成功是一个健康的经济体所必需的,但这不会让经济增长比西欧每年 2% 的增长水平高过太多(我们知道,这一增长率对于美国人而言像是要奄奄一息了)。②

当大政府的裙带资本主义让新进入市场的企业更难成长起来以及更难成为明日的 Netflix 和谷歌时,世界会怎样?那正是美国自金融危机以来所经历的情形:一种类似于欧洲的经济停滞状态,高失业率、机会缺失,人们对"社会不公"日益加深的绝望和美国梦的破灭。

---

① 丹·米契尔:"来自阿根廷的问候:奥巴马式裙带资本主义之地给美国的一个警示",DanielJMitchell. wordpress. com,2011 年 4 月 19 日,另见 http://danieljmitchell.wordpress.com/2011/04/19/?greetings-from-argentina-an-obamaesque-land-of-crony-?capitalism-and-a-warning-to-america/。
② 里奇·卡尔加德:"是什么促使了一个经济体的增长?" Forbes.com,2010 年 10 月 20 日,另见 http://www.forbes.com/sites/richkarlgaard/?2010/10/20/what-grows-an-economy/。

第6章

里根精神还是奥巴马精神?

乐观主义加合作还是悲观主义加不信任?

自由市场根植于符合道德的乐观主义。购买、销售以及投资都要求有信任关系,即一种乐观的信念,因为签署协议和兑现承诺也都是符合他人的自我利益的。投资于新企业更需要坚定的信念,因为人们要对别人的想法与创造性投下自己的资本、时间以及声誉。美国的历史充满着企业家的故事,从托马斯·爱迪生到史蒂夫·乔布斯,他们都达到了财富与成就的顶点,因为他们有勇气承担所有这些风险。

市场允许这些企业家主导的创业企业和新进入企业进入市场,这也培育着谁努力用功谁就能领先的乐观信念。成功的梦想和美国社会向上的流动性,让我们国家在其整个历史进程中一直是数百万人为了追求实现自身成功而努力的磁石。

我们称市场的乐观主义是有道德的乐观主义,因为它提升了人类社会好的一面,培育了合作精神与企业家的创造性及创新能力,即这些就是人们所称的"人类繁盛"。没有对人和未来的这种信念,不同的个体将不能够在一个以自愿为基础的经济体里共同工作,市场和企业也无法发挥作用,企业家们也不会去投资和创新,社会与人类也就不能进步。

市场有道德的乐观主义与驱动大政府及其支持者的悲观主义有着极大的区别。在某种程度上,事情也理当如此。政府的核心职责是保护人们免受他人坏行为的影响和维持秩序,因此政府重点关注的是哪里会出问题和人性卑劣的一面。大政府的问题，正是由于其政策、政治文化以及其整体世界观基本都是负面的。

在大政府支持者和官员们的观念里，失去监管的市场是喧嚣混乱的，遵纪守法的人们受到"贪婪"与"不公正"等各种不利因素的负面影响，因此唯一的解决方案必然是施加控制以给人们提供保护和降低风险。失去了政府的保护，未来只会出现灾难，无论是完全无法负担的健康保险、经济萧条还是"美国梦的终结"。悲观主义者也继承了中央集权主义者对富人与穷人的观点，即他们是相互敌对的两大阵营，利益截然相反。

企业的有道德的乐观主义与大政府负面假设之间的对比可以由罗纳德·里根和巴拉克·奥巴马的不同观点予以代表。正如我们将在本章稍后所指出的，这两位总统均是临危受命。而里根，一位有限政府和自由市场的捍卫者，相信美国人民的历史智慧将重回主流。他的有道德的乐观主义观念让他做出降低当时较高的税、削减限制企业的监管政策的举动，从而催生了长达25年的历史性增长、繁荣与创新。

巴拉克·奥巴马则持更悲凉的观点，相信要由大政府来拯救人们脱离"贪婪"，即他们自己，而且十分必要。

他的大政府悲观主义产生出惩罚性的监管法规与政策，这意味着要控制"贪婪"，但实际上却减缓了经济增长，分化了人们的立场。这没有带来更多希望，而实际上形成了更多绝望。2011年，在政府力量极其强大的时候，一项美国当前盖洛普民意调查发现，我们的国家对未来的乐观看法正处于历史最低水平。超过一半的国人（55%）相信今天的年轻人不会比他们的父辈过得更好。他们的悲观观点甚至比刚开始衰退的2008年还要严重。[1]

---

[1] 伊丽莎白·门德斯："在美国青年中对未来的乐观观念达到历史最低水平"，Gallup.com，2011年5月2日，另见http://www.gallup.com/poll/147350/optimism-?future-youth-reaches-time-low.aspx。

终极追问：我们是要一个相信人民、提升繁荣的政府，还是要一个分化社会、惩罚企业并限制我们自由的政府？

大政府主张者的"激进末日"版

2011 年的一期《纽约时报》编辑特稿"孩子们不太好"一文中，乔尔·贝肯（Joel Bakan），一位英属哥伦比亚大学的法律教授，哀叹当今十几岁孩子面临的危险，他们"被在线社会生活、容易上瘾的视频游戏及虚拟世界的精彩刺激完全吸引"。

当贝肯观察到自己的孩子们"一会儿不停地盯着他们自己和朋友们的视频文件和数字照片"时，他"感觉好像有些事不太对……有理由相信孩子们的童年正处于危机之中"。他说，电子游戏和互联网依赖仅仅是冰山之一角。他列出了一个长长的清单，包括被他描述为来自"贪婪"的公司对孩子们日益严重的危害，它们提供的产品不仅包括电子游戏，而且还包括导致人长胖的垃圾食品广告、"有毒化学物质"和"可能有害的精神药物"。[1]

贝肯是《围困下的童年：大企业如何瞄准孩子们》一书的作者。他说，问题不仅仅在于企业。他认为问题的核心点在于政府管控不充分。"解除监管、私有化、现行监管法规执行不力以及在法律界和政治界对新法规的抵制，都侵蚀着我们这个社会保护孩童的能力。"

贝肯的世界观是典型的"激进末日"（Apoca‐liberal）版的大政府集权者的想法，他们太过频繁地认为他们所观察到的稍稍令人不快的环境都是灾难临近的预兆，不仅仅是针对孩子们，而且也针对社会和这个星球。这些危机几乎永远也不能被个体自愿采取的合理方案所解决。这些危机就是一些系统性灾难，需要政府的强力干预。

---

[1] 乔尔·贝肯："孩子们不太好"，载《纽约时报》，2011 年 8 月 21 日，另见 http://www.nytimes.com/2011/08/22/opinion/? corporate‐interests‐threaten‐childrens‐welfare.html。

贝肯感到十分痛心，许多孩子"在各种电子媒体上花费了更多的时间……超过他们在学校的时间"。① 毫无疑问，许多家长都对孩子们在发短信上花的心思超过家庭作业和与家人的交流而感到无助。但这就意味着孩子们的童年正处在危机之中？就像贝肯所描述的，他的孩子们盯着网络上他们自己和小伙伴们的照片不放，据此就得出孩子们受到了侵害？他们实际只是在欣赏自己——作为孩子的感觉。

贝肯所描述的危险真的威胁到孩子们的童年了吗？当然，如果和百年前相比，今天的孩子们看起来脸色有点苍白，而之前人们担心的是霍乱、伤寒、白喉之类的疾病，在1800年这些病都是婴儿死亡的主要原因。好多孩子没活过5岁，他们要很幸运才能有一个童年。如果他们有童年的话，也经常是非常艰苦的。与今天的孩子相比，他们的玩具非常简朴，并且少得可怜。而穷人家的孩子们更是要面对比肥胖更糟糕的情况——挨饿。

即使是在20世纪早期，条件也比现在艰苦得多。直到最近，体罚（为加强管教而在学校里殴打孩子）也还仍然非常普遍。而影响了数十万美国儿童的脊髓灰质炎也仍是一种经常性的威胁。

贝肯抱怨的许多事情，像互联网，实际上是社会的进步和向好的表现。是的，孩子们和大人们都会在社交网站上浪费时间。而家长们和教师们则需要警告他们小心坏人的危害，不论是在网上还是现实生活中。但网络的教育优势远超出其劣势。而且大多数人都认同，对比电子游戏和互联网媒体的互动要求，即需要参与者进行阅读、写作和做决定，都比花大量时间被动地看电视有益得多。这种情况不应像贝肯想的那样引入大政府的法规与监管，而是需要家长们制定一些规则，比如"写不完作业不能上Facebook"等。学校如果能在教育孩子方面有更好的方式也会很有效果。

---

① 乔尔·贝肯："孩子们不太好"，载《纽约时报》，2011年8月21日，另见http://www.nytimes.com/2011/08/22/opinion/? corporate - interests - threaten - childrens - welfare. html。

贝肯的抱怨在大政府支持者中间非常典型，他们常常夸大主流有益的产品和技术的不良的一面。我们对很多产品都有健康担忧，但有些人就认为应该更加严格地监管。2011年，人们开始对苹果汁里含砷的报道警觉起来。砷是一种在周边环境里普遍存在的致命毒药。苹果汁里的含量非常有限。报道这件事的几篇报告里也没提到过任何一个小孩子因为砷中毒而病倒的情况。连食物、药品管理局最后也承认，苹果汁里的砷含量不值得关注。

不幸的是，涉及各种灾害风险时，人们的常识意识就不再起作用了。吉尔伯特·罗斯，美国科学与健康理事会医疗总监，指出大政府支持者们呼吁的"健康风险"常常言过其实。邻苯二甲酸盐（Phthalates），一种出现在玩具以及关键医疗产品中的塑料软化剂，常常被认为是"危险的"。检测显示，当剂量较高时，其对老鼠有明显的毒性。人们的血液里曾发现过可检测到的小剂量，但这意味着该物质会造成严重危害吗？罗斯所在的机构在其网站上指出，"某种化学物品的存在并不代表它一定是有害的……剂量才是毒害与否的关键"。①

大政府支持者们的末日之虑往往形成一些过度反应，如要求立即禁止或者限制某些产品或者技术的应用，而实际上这些产品和技术的有益一面远超过有害的一面。在最糟糕的案例中，大政府末日论者们的歇斯底里可能会剥夺人们日常极其渴求的产品、服务与技术。

与之相关的案例有水压破裂法，这是近年的一项突破性技术。如我们在第3章中所讨论的，水压破裂法一定会大幅度提升国内天然气供应并让美国转而成为天然气的主要出口商。这一技术在经济落后的纽约州可谓老天恩赐的礼物。但是就像通常会出现的新技术那样，活动家们迫使州政府禁止这一技术，坚持认为该技术将毒化地下水并造成各种环境灾难。

实际上，该技术所使用的水中的化学物质非常少，注入岩石的流体中

---

① "2008年前10个未被发现的健康恐慌"，ACSH.org，美国科学与健康委员会，2008年12月23日，另见http://www.acsh.org/publications?/pubID.1751/pub_detail.asp。

99.5%是水和沙。① 因此，纽约州的暂禁令后来被部分取消了。

值得注意的是，在不对技术设置障碍性限制的宾夕法尼亚州，天然气开采活动繁多起来了。这种生产活动产生出超过7.2万个高薪就业岗位。② 宾夕法尼亚州政府从这项经济活动中额外获得的非预期收入达7亿美元。

深陷短视

即使诸事顺遂，集权主张者也常常能预见到可能的灾难。1995年，美国失业率处于5.6%的低位，杰里米·瑞夫金（Jeremy Rifkin），这名长期以来的大政府支持者和著名的灾难预言者，出版了《劳动的终结：全球劳工的衰落与后市场时代的黎明》，预言了信息技术的崛起将消灭几千万个工作岗位，并形成一个全球性的无就业浪潮。

但是，10年过去了，在政府政策将经济推入大衰退之前，劳动并没有终止，相反，美国的失业率到2007年进一步下降至4.6%的水平。

同样在2007年，安德鲁·斯特恩（Andrew Stern），当时的服务业雇员国际工会总裁，在《纽约时报》上撰文指出，孩子的家长们"看不出未来的工作岗位在哪里，不能让他们的孩子有比现在更好一点的生活"。③

为回应斯特恩在《纽约时报》上的抱怨，乔治·梅森大学的经济学家唐纳德·鲍卓克斯（Donald Boudreaux）问道：

"哪一代美国人预见到未来的工作岗位了？"1950年电报投递员预

---

① 克里斯·福克纳："页岩气储备意味着美国及其油气行业的安全"，载《美国新闻与世界报道》，2011年11月29日，另见http://www.usnews.com/debate-club/is-fracking-a-good-idea/shale-?-reserves-mean-security-for-us-and-its-oil-and-gas-industry。
② "两个页岩气之州的故事"，载《华尔街日报》，2011年7月26日，另见http://online.wsj.com/article/SB10001424052702303678704576442053700739990.html。
③ 鲍博·赫伯特："圣诞节之前的噩梦"，载《纽约时报》，2007年12月22日，另见http://www.nytimes.com/2007/12/22/opinion/22herbert.html。

见到他的孩子会为手机设计软件吗？1960年代的药剂师会预见到他女儿是生物医药工程师吗？①

唐纳德·鲍卓克斯提出的反问让人们看到"末日论"者悲观论调的另一个缺陷：其视角死盯着当前的形势。企业家们常以未来的角度进行思考，而官员们和他们的支持者们常在当前与当下止步不前。他们将类似高价格等市场形势视作永久，不能想象事情可能的变化，即使他们常常犯同样的错误也没有接受教训。

在医疗方面，主张极权者相信政府是唯一的答案，"因为医疗费用如天文数字般昂贵"。但他们难以理解的观念是，如果废除掉那些抬高医疗和保险成本的难以数计的政府管束要求，则整个形势马上就会不一样。如果削减了抬升成本的联邦和州监管法规，允许竞争，且让人们（而不是由公司）做出购买的决定，那么价格就会下跌。人们会看到整个行业焕发出来的创造力，即那些今天还没有出现的提供保险与医疗的新方式。大家还记得我们在第3章中讨论过的斯台普斯准则吧。在一个健康的、由客户驱动的市场上，为业务而竞争的公司总是寻求提供更好的产品和更低的价格。

在某种程度上，主张极权者的敌视是可以理解的。有些问题看起来如此庞大和困难，人们很难想象出任何解决方案，自由市场和企业家们也很少能当即想出办法。这让人们认为，过去总是能够解决问题的自由市场也束手无策了。在许多情况下，"进步是如此缓慢，很少几个人就可以把真实情况瞒过大众的眼睛。"乔治·梅森大学经济学家布莱恩·卡普兰在其著作《理性投票者的神话》中写道。②

---

① 唐纳德·鲍卓克斯书信，载《纽约时报》，2007年12月25日，另见http：//query.nytimes.com/gst/fullpage.html? res=9C04E3D? 71630F936A15751C1A9619C8B63。

② 布莱恩·卡普兰：《理性投票者的神话》，第45页，普林斯顿，新泽西州：普林斯顿大学出版社，2007年。

毫无疑问，对许多人而言，对事情悲观的叙述好像比阳光、"波丽安娜"的乐观主义更引人关注。大众传统上具有卡普兰所谓的"悲观倾向"——"一种高估经济问题严重性的倾向和低估过去、现在和未来经济表现的倾向"。①

美国企业研究所学者阿瑟·赫曼（Arthur Herman）提醒我们，某种程度上，悲观主义是人类天性的一部分。"几乎所有文化，无论当前还是过去，都相信当今的男人们和女人们赶不上他们的父辈和祖先。"②

贩卖管理——"通向权力最为确定性的道路"

奥巴马总统的前办公室主任拉姆·伊曼纽尔（Rahm Emanuel）有一句名言："你永远也不要让一场严重的危机白白渡过。"政治家们历史上一贯以危机为推动某项事情的契机。而大政府的政治家们和活动家们具有透过黑色眼镜看事情的独特倾向。他们的"前景暗淡论"意味着，系统性大问题的解决远超出了某些个体能力之外，大政府的干预必不可少。唐纳德·鲍卓克斯提醒我们："贩卖问题是通往权力的最确定性的道路。"③

我们已经很习惯于相信大政府的倡导者们的那些预测了，但我们很少注意到，这些预测很少真的发生，如果曾经有过的话。当克林顿总统签下北美自由贸易协定（North American Free Trade Agreement，NAFTA）时，"末日论"者预测了一个墨西哥大量"吸食"美国工作岗位的前景。而美国失业率在此后的 15 年持续下降，直到 2008—2009 年的经济衰退。我们在第 3 章讲过，1970 年代的许多人相信马尔萨斯的人口论，即人口过多会在世

---

① 布莱恩·卡普兰：《理性投票者的神话》，第 44 页，普林斯顿，新泽西州：普林斯顿大学出版社，2007 年。
② 阿瑟·赫曼：《西方历史中衰败的理念》，纽约：西蒙与舒斯特出版社，1997 年。
③ 唐纳德·鲍卓克斯："解释这个世界的状态"，载《自由人》，第 5 期，2008 年 6 月，另见 http：//www.thefreemanonline.org/columns/thoughts－on－? freedom4nterpreting－the－state－of－the－world/。

界上最穷的国家制造短缺与饥馑。实际上,恰如朱利安·西蒙(Julian Simon)所预测的,当全球的各个国家纷纷放开其经济时,我们进入了30年不断增长的富饶阶段。我们曾一度担忧会陷入饥馑的某些国家,现在却被我们担心如何与它们竞争。

"阶级战争"的道德谬误

由于集权主张者们短视、悲观的世界观,他们很容易把富人与穷人看成是利益截然对立的固定团体。在2004年总统竞选的活动中,民主党副总统候选人约翰·爱德华兹(John Edwards)很好地总结了这一观念,他说:"两个美国……一个美国拥有特权,另一个负担沉重……一个美国辛勤工作,另一个收获果实。一个美国缴纳税收,另一个美国获得免税。"①

充满敌意的"阶级战争"的基本理念是长期以来驱动政府制定更多管制政策与策略的民粹主义传统的一部分。

2011年9月,奥巴马总统宣布了创造就业的计划,他宣称美国人民必须进行一项选择:"我们要保留百万富翁和亿万富翁的免税期,还是让教师们回到工作岗位上,以便让我们的孩子们能毕业考上大学和找到好工作?现在我们没有能力同时做两件事。这不是政治上的争论与喧哗,不是阶级斗争,这是简单的算术。"②

这位总统的"数学"不仅让美国人民陷入彼此敌对,而且这些数字好像也加总不起来。花掉了10 000亿美元的联邦资金实施"刺激"政策之后,这些钱却最后大量流入国家和地方政府,而失业率仍处于历史高位。

---

① 引自小里亚·海德曼:"两个美国:一穷一富?"传统基金会,2004年8月24日,另见http://www.herit.age.org/research/reports/2004/08/? two-americas-one-rich-one-poor-understanding-? income-inequality-in-the-united-states。
② 巴拉克·奥巴马:"总统向国会联席会议的讲话",美国国会山,华盛顿特区,2011年9月8日,另见http://www.whitehouse.gov/the-press-office/2011/09/08/? address-president-joint-session-congress。

如果总统真的想要给教师提供更多收入，他应当实施支持市场的政策，通过刺激经济增长来增加这个国家的税收基数。

共和党政府和民主党政府实施的市场化举措既施惠于亿万富翁，也让整体经济受益。大政府的反对者们却坚持认为税收减免是为"富人"而做的。"阶级战争"的措辞不仅仅是想要激发政治支持时的一种离间策略，而且也反映了一种深刻而被误导的犬儒主义。

"穷人"和"富人"相对的理念来自马克思主义的阶级斗争理论。马克思生活在19世纪工业革命时期的欧洲，那是一个经济社会不断变化的时期。不断成长的中产阶级，或者马克思及有些人喜欢称呼的"资产阶级"，正开始侵蚀中世纪欧洲封建社会遗留下来的贵族阶级的统治。国王们、王后们以及贵族们仍然当道，但一个新的精英集团正以商业为基础逐步崛起。

换而言之，马克思对市场的观察受到他个人经历中极权社会和后封建等级社会的影响。他混淆了因"出身或者等级社会里的"贵族身份而成为的富人和由自由市场经济创造财富而成为的富人。奥地利经济学家和社会哲学家路德维格·冯·米塞斯（Ludwig von Mises）在其著作《理论与历史》中着力进行了区分。贵族（如国王们和王后们）的"封建财产"——

> 或者因征服而获得，或者因征服者的捐赠而获得。
>
> 封建财产的所有者并不对市场产生依赖，他们不会为消费者提供服务；在他们的财产权范围内，他们是真正的主人。但这与市场经济体制中的资本家或者企业家有很大的不同。他们获取财富和财富增长都是借助于他们向消费者提供的服务；而他们要能够保有这些财产，也只能每天再以可能的最好的方式不断提供服务才行。[1]

---

[1] 路德维格·冯·米塞斯：《理论与历史》，第115页，纽黑文，康涅狄格州：耶鲁大学出版社，1957年。

为了解释米塞斯的概念，人们可以将一位成功的意大利面生产商称为"意大利面之王"。但这个王并没有以战争和征服的方式建立自己的帝国，而是借助于销售人们喜爱的意大利面的方式称王。米塞斯写道，马克思主义完全没有理解的是自由市场体系的"富人"并没有以工薪者的贫穷化来获得其权力，而是通过生产那些可以改善穷人生活水平的商品致富。

马克思的论证总是建立在这样一个概念基础上的，即工人们只是为了上层阶级懒散的寄生虫生活和利益而艰辛地工作着。他没有看到，工人们自己也会消费掉生产出来的消费品的很大的一部分。[1]

马克思对市场的敌意无疑受到他所处时代对工业革命之后社会变化的广泛焦虑的影响。

谁的"贪婪"？

"贪婪"是大政府悲观主义得以合理化的基石。它是所有一切罪恶的始作俑者，从华尔街奖金和CEO高薪到高昂的能源与药品价格、金融崩溃以及其后的经济衰退。那些规模庞大而成功运作的公司，或者那些进行劳工管理却招惹了强势工会的公司，几乎总是被指责为"贪婪"。这些指控在恐吓政治对手时非常有效。媒体和投票的民众也常常接受这种表面化说法的影响。

而我们真正要问的问题是，**你说的是谁的贪婪？**

1930年代，休伊·朗（Huey Long），一名由销售转行的律师，成功地运用"贪婪"的咒语推进了政治野心的实现。他成为路易斯安那州的州长和后来的国会议员。他是那个时代最有权势又最具争议的人物之一。在

---

[1] 路德维格·冯·米塞斯：《理论与历史》，第115页，纽黑文，康涅狄格州：耶鲁大学出版社，1957年。

1920年代，朗以攻击企业［标准石油（Standard Oil）］利益和富人而推动了他在本州政治格局中的兴起。1934年，他供职于美国参议院并正争取可能的总统选举。当时他在"分享财富"电台讲话宣扬的主题与今天占领华尔街者所表达的主题非常相似：

> 我们今天要谈的不是问题所带来的困难，而是事实上这个国家的富人——我指的是超级富人——不允许我们解决这些问题，或者说不允许我们解决那个一直在折磨着这个国家的小问题。因为要医治我们所有人的苦痛，就有必要把大的财富打碎，然后我们可以分散财富，让所有的人一起分享。①

在他的自传中，朗表达了极权论者经典的"零和"的财富观点，即财富的集聚是通过残酷地取自他人才得以完成的。

> 如果一个人想要住得比另外99个人更多的房子；如果一个人决定他必须拥有比其他99个人更多的食物；当一个人决定他必须为自己和家人比其他99个人拥有更多的衣物……一个人，通过他饕餮般的贪婪，为自己拿走了99份，留下一份给剩下的99人……
>
> 他可能会说"这些食物、衣服和房子是我的，虽然我用不上，但只有当其他人得不到的时候，我的贪婪才能得以满足"。②

当然，真实的故事是朗自己对权力的贪婪。在当路易斯安那州长期间，他成为一名实质上的独裁者。他用自己的支持者替换掉了几千名州雇员，

---

① "每人一个国王"，休伊·朗广播讲话，NBC，1934年2月23日，另见http://www.hueylong.com/programs/？share-our-wealth-speech.php。
② 休伊·朗：《每人一个国王：休伊·朗自传》，第291页，新奥尔良，路易斯安那州：国家图书公司，1933年。

而这些支持者预期会为他的政治机器贡献出他们的一部分薪水。他上马了几项激进的公共项目和基础设施建设项目，以产生出更多能带来政治捐助的工作岗位。捐赠课本和廉价的能源让他的权力再获提升。

朗对路易斯安那州的紧密掌控、无情策略以及其过度的修辞，甚至都让他的民主党伙伴感到害怕，包括 FDR，他们把朗看成是蛊惑者和独裁者。

这个世界上总是有贪婪的人。但认为市场或者市场的问题——由贪婪而起似乎一直有争议。这是一种错误的观念。斯坦福大学胡佛研究所的著名经济学家和政治哲学家托马斯·索威尔（Thomas Sowell）指出，任何剂量的"贪婪"都不能让一个人致富，除非他能提供一个让别人受益的产品或者服务。

> 想想看，我非常贪婪，想要比尔·盖茨财富两倍的财富，但这一贪婪并不能给我的收入多带来一毛钱。
>
> 如果你想要解释为什么某些人坐拥巨额收入，这一定不能简单地归结为他们自身的欲望（无论"贪婪"与否），而是因为其他人愿意付他们很多钱。①

认为 CEO 的薪酬或者药品的价格会及时达到每个人认为的合理的水平，这是索威尔所谓的"贪婪谬误"的典型特征。

这位经济学家认为，即使是受过教育、智商很高的人也不可能知道一个市场的所有情况。这似乎类似于哈耶克的观点。

> 恰如威尔·罗杰所言，每个人都是无知的，但针对的事情却不同。需要计算机专家告诉脑外科医生如何做手术吗？或者需要驯马师告诉另外两位同行要怎么做吗？

---

① 托马斯·索威尔：《拆卸美国：以及其他争议文章》，第 151 页，纽约：基本书局，2010 年。

中央计划听起来很棒，但却败得很惨，以致20世纪末许多国家都放弃这一做法。其原因之一是，没人能知道所有的事情，没人可以预测每个人的情况。①

索威尔作了最后总结：对"贪婪"的判断会因政治环境的改变而改变。当几年前石油价格上涨时，对石油公司"贪婪"的控诉和要求征收更高能源税以及进行更多监管的呼声主导了新闻媒体。当价格下跌时，贪婪之声也减少了。他说："这意味着石油公司已经丢掉了它们的'贪婪'了吗？"

至于华尔街的"贪婪"，索威尔提出如下问题：人们在20世纪90年代对挣钱不那么感兴趣吗，那时候听不到反对"贪婪"的呼声？当房利美和房地美的高管们为其前10名高管发了近1 300万美元的奖金时，奥巴马政府怎么没有抗议"贪婪"啊？

房利美和房地美没有为经济发展作出太多贡献。像私营部门的银行一样，这两家政府创设的按揭贷款主体也必须进行救助。这两家机构正是过度承担风险、过度扩张和房地产市场崩溃的主要元凶。投资于两家公司的股东们（他们被联邦政府剥离掉了）遭受了巨大损失。这些巨额奖金发放后不久，美国证监会就起诉了两家机构的前CEO，控告其在房地美和房利美的次级按揭贷款上误导投资者。而政客们一面惊呼私营部门的银行的奖金发放，一面又对两家前政府机构的奖金问题保持沉默。两家机构作为公众公司，却长期以来一直是华盛顿的取款机。

米尔顿·弗里德曼在多年前就指出，在很大程度上，"贪婪"是别人才会犯的事儿。他的原话是，"当然，我们中间没有人是贪婪的，贪婪的只有那些家伙们。"②

---

① 托马斯·索威尔：《拆卸美国：以及其他争议文章》，第151页，纽约：基本书局，2010年。
② 菲尔·唐纳休对米尔顿·弗里德曼的采访，参观菲尔·唐纳休采访秀节目，1979年。

"空巴亚"（kumbaya）？不！

理查德·威尔金森是一位英国学者，他在撰文时表达了大家广泛持有的"不平等会分裂和侵蚀社会"的观念。① 大政府的主张者们会声称，终结"不平等"状态（无论是在医疗、住房还是在经济体的其他领域）将带来更加公正与和谐的社会，人们的合作关系会得到更大提升，相处得也更为融洽。

果真如此吗？悲观主义的大政府实际上是在以各种方式瓦解市场、公司和人们之间的合作关系。当前两极分化的政治环境，诸如相互指责、不断升级的"贪婪"讨伐、经济上的麻痹与瘫痪，都是大政府破坏社会信任之后的并发症。

过度干预的政府制造了一种关注不满与冤屈的社会氛围。各种集团竞相获取大政府的补贴与政治恩惠。人们分化为相互竞争的利益方：医疗改革的病人对抗私营被保险人，1%的人对抗99%的人，年轻工人对抗年长雇员。

大政府也以另一种方式破坏社会信任关系。哈耶克曾指出，自由市场具有天然的"讲真话和守承诺"的机制，如信用评估、合约和财务报告。他说这些工具是市场道德与自由经济信仰的基石；如果它们也腐败了，市场的自我道德管理就堪忧了。

这些信任机制被大政府侵蚀后，就会带来金融危机。布鲁斯·扬德尔（Bruce Yandle），联邦贸易委员会前执行理事，解释了数十年"居者有其屋"的住房政策（参见本书第2章），以及房利美和房地美扭曲市场的按揭资金洪流，摧毁了关键的"信用技术"（如信用评级）。由于房地美和房利

---

① 理查德·威尔金森："为什么不平等对所有人都很糟"，CNN.com，2011年11月6日，另见 http：//www.cnn.com/2011/11/06/opinion/？wilkinson - inequality - harm/index.html。

美向按揭市场提供了太过充足的资金,因而它们实际上是在鼓励银行放低信任标准和向没有信用能力的借款人发放贷款。① 联邦储备银行的低利率"宽松货币"政策也发挥了类似的作用。

进一步摧毁市场信任关系的是人们很少关注的被称为"盯市"(mark-to-market)的会计准则的回归。2007年夏天,金融危机发生之初,这一会计准则不合时宜地迫使金融机构低估其贷款的价值,从而让这些机构显得愈发虚弱;而卖空者像秃鹫一样围攻过来,卖空银行的股票和债券。银行必须要减持更多的资本,而这让它们自身进入螺旋式的死亡状态,这也导致了股票市场的崩盘与整个美国金融体系的信任溃败。2008年年末出现的信用紧缩(credit squeeze)最终冻结了我们国家的借贷活动。

这种市场信任的崩塌不仅波及全美国,而且影响到全世界,并且动摇了人们的核心理念。这是我们仍未痊愈的金融与情感伤痛。我们在欧洲见到的社会动荡和美国的占领华尔街活动都是这种信任瓦解的体现。

信任遭到破坏后,公众观念中努力与回报之间的关联就更为薄弱了。众多的石油公司和华尔街银行好像不配拿到那些超额利润,而小企业则更是遭受损害。虽然这些小企业自身并无过错,但它们突然发现它们的银行贷款申请常遭否决或者限制。人们不但对金融机构和政府失去了信任,而且人们相互之间也失去了信任。

迈克尔·刘易斯在《名利场》杂志的一篇文章"小心希腊债券"中说,社会结构的摩擦正是目前发生在希腊的状况。他写道:"希腊政府不仅仅一直以来是腐败的,而且还在延续腐败。"

> 希腊人很难说另一个人的好话。希腊人作为个体都是兴高采烈的,

---

① 布鲁斯·扬德尔:"失去信任——金融崩溃的真正原因",载《独立评论》,第3号,2010年冬,第345页,另见http://www.independent.org/pdf/tir/? tir_14_03_02_yandle.pdf。

他们幽默、阳光、聪明，是个好伴侣。我对二十几个人做了采访之后对自己说："多好的人啊！"但他们不能与另一个希腊人分享感受。在希腊最难的事莫过于让一名希腊人在背后称赞另一名希腊人。任何类型的成功都难逃被怀疑的命运。每个人都很肯定另一个人在纳税上作了弊，或者收买了官员，或者拿了贿赂，或者谎报自家房地产的价值。而这种对别人的完全不信任会自我加强。撒谎、欺骗、偷窃行为的普遍存在让普通市民们的生活难以为继，而市民生活的难以为继又只会鼓励更多的撒谎、欺骗与偷窃行为。因为对别人缺乏信任，所以希腊人凡事只能依靠自己或者家人。①

希腊政府努力提高国家的公益水平。但由此形成的这个社会，用刘易斯的话就是，"却是集体的反面。社会内在的真正结构是人人为己。投资者向这一体系投入了上千亿美元，而信贷的繁荣却将这个国家推向崩溃的边缘，进而进入总体上的道德崩溃"。

这并不奇怪。政治经济学家弗朗西斯·福山（Francis Fukuyama，本章稍后会探讨他的工作）观察到以政府为主导的社会和人民（法国和意大利南部）展现出信任程度偏低的特点。一个占主导地位的政府，可以"侵蚀市民社会"，结果市民们"不太能够增进那种凝聚社会运行的团结力量与社会道德结构成形的强劲纽带作用。"②

这就是为什么在政府主导的低信任社会里会看到更多腐败和犯罪的原因。

---

① 迈克尔·刘易斯："小心希腊债券"，载《名利场》，2010 年 10 月 1 日，另见 http://www.vanityfair.com/business/features/2010/10/? greeks – bearing – bonds – 201010。
② 弗朗西斯·福山："社会资本与全球经济"，载《外交事务》，第 5 号，第 103 页，1995 年 9 – 10 月，另见 http://www.foreignaffairs.com/issues/1995? /74/5。

自由市场主导的社会的道德优势

与大政府对待自由市场下企业家精神的狭隘、官僚主义悲观倾向形成鲜明对比的是,自由市场更关注事务的积极方面。乔治·吉尔德(George Gilder)在其影响深远的著作《财富与贫穷》中指出,自由市场活动的背后支持力量来自于"对人的信任,对未来的信任,对给予能获得回报的信任,对贸易互利的信任,以及对神之旨意的信任"。

为了在堕落世界不可避免地遭遇挫折与困苦之时还能辛勤工作与维持创业精神,为了在可能被背叛的世界里激发信任与合作,为了鼓励为可能化为烟尘的未来而放弃当前的享乐,为了在一个除非他人参与否则各种报偿均烟消云散的世界里积极并主动承担风险,所有这些方面的信任都是必要的。①

要投资一桩生意和开创一家新企业(要在条件不利和运气欠佳时达到目标就要坚定地相信别人),就要相信未来。《纽约时报》专栏作家大卫·布鲁克斯(David Brooks)将市场的"企业家精神"描述为一种"疯狂的劲头"。

开拓者和移民们承受着当时各方面的艰苦条件,因为他们相信未来的富足。企业家们带着对未来成功的、夸大了的期待,设立各种公司。信心是融贯于这个国家活力内部的核心成分。②

---

① 乔治·吉尔德:《财富与贫穷》,旧金山,加利福尼亚:ICS 出版社,1993 年。
② 大卫·布鲁克斯:"未来之国",载《纽约时报》,2009 年 11 月 16 日,另见 http://www.nytimes.com/2009/11/17/? opinion/17brooks.html。

对未来的信心让几十万名企业家在大衰退时期设立创业公司。这是2008年大萧条以来的最糟糕的商业时机。对未来的信心也是当今许多最大的和最著名的公司在历史上经济低迷时期创设成立的原因，这其中就包括CNN和安进公司（Amgen，以上两家公司均成立于1980年）、MTV（全球最大的音乐电视网，成立于1981年）、通用电气（成立于1890年），以及IBM（国际商业机器公司，成立于1896年）；而微软、苹果、联邦快递、甲骨文等公司则成立于经济停滞的1970年代。

企业家的信心源自于犹太-基督教的信仰，这也是为何欧洲文明能比其他文明进步得更快以及走得更远的原因。著名思想家如罗德尼·斯塔克（Rodney Stark）、迈克尔·诺瓦克、马修·雷德利等一致认为，犹太-基督教对理性与进步的信仰是欧洲超越亚洲的原因。罗德尼·斯塔克说："虽然许多文明都致力于炼金术，但这些研究只有在欧洲才被发展为化学。"他问道："若干世纪以来，为什么欧洲是唯一拥有眼镜、烟囱、时钟、重骑兵和系统化音乐记谱法的文明？为什么那些从罗马的废墟中崛起的国家能大大超越世界上其他国家和地区？"他认为不仅仅是因为"欧洲在冶金、造船及农业领域处于领先地位"。[1]

> 基督教对理性与进步的信仰是欧洲获得成功的基石……科学仅在欧洲兴起，因为只有在这里，人们才认为科学是可以做到和必须做到的，这是"来自中世纪神学"的信念。而且，中世纪基督教对理性与进步的信念不断被现实的进步所强化，被技术与组织上的创新所强化。[2]

驱动市场的信念不是"奇幻思维"或者"非理性繁荣"，而是基于真实

---

[1] 罗德尼·斯塔克：《理性的胜利：基督教如何带来自由、资本主义和西方成功》，第4页，纽约：兰登书屋，2005年。
[2] 罗德尼·斯塔克："基督教如何带来自由、资本主义和西方成功"，《高等教育纪事报》，第15期，2005年12月，另见 http: //www. independent. org/? newsroom/article. asp? id=1809。

世界的知识,以及由个体的决心与市场的集体智慧在历史上所解决的问题。

自由市场社会的道德优势不会让人们成为一个耽于幻想的理想主义者。金融家伯纳德·巴鲁克经历了经济大萧条和两次世界大战。在1953年的一篇文章里,他承认他对更加美好的未来的信念一度被"战争的炮声、集中营的恶臭和原子弹爆炸的蘑菇云"所动摇,但信念并未被摧毁。

> 我仍坚信未来。尽管我有时还怀疑人类是否将成就他们的世间潜能,但我从未怀疑过人类的能力。我相信这些潜能能给所有人一个超越生活所提供的喜悦与舒适、物质与精神的工具。肯定不是乌托邦。我不信仰乌托邦。人们可以成就任何事,但不是完美……
>
> 在我们的生活中,悲剧可能在某种程度上将与我们为伴,但我们可以放逐悲伤。不公正可能会在所有最好的世界里有所抬头,但我们可以克服暴政。恶魔可以侵入某些人的内心,心胸狭窄可能会扭曲某些人的心灵,但正直与文雅却更是人类共同的性情,而且也会主导我们的日常生活。
>
> 我相信所有这些是因为毕竟我相信理性——相信人们头脑中有可以应对生活中各种问题的能力……
>
> 因为我将自己的信任托付给理性,我也将信任交给我认识的人——那些没有失望与绝望特征的人。而明日之思常让我欢愉起来![1]

道德优势如何促进信任与合作

巴拉克·奥巴马在2012年的国情咨文中公开谈论对军队内部合作能力

---

[1] 伯纳德·巴鲁克:"为何我仍对未来有信心?"载《坦博湾时报》,2010年11月25日,另见 http://www.tampabay.com/opinion/columns/why-i-still?-have-faith-in-the-future/1136190。

的羡慕。他说，美国人如果能够将差异与不同放在一边，像一个团队一样工作，就能解决我们的问题。① 我们的自由市场经济数代以来就一直在这么做——人们在那些"贪婪"的公司里紧密合作和解决问题。

公司究竟是什么？只是人们为解决一个共同的问题进行合作与努力的一个社团而已。不同之处在于，在企业里，你自愿地解决各种问题。在军队，你被迫这么做，特别是你要对一个草案签字时。

对资本主义的批评常常集中于某些像伯纳德·麦道夫那样的个人对信任原则的背叛。这些事情只是一些特例。自由市场日常的现实情况是，数百万人——背景各异的完全陌生人——在一起工作，在弗朗西斯·福山所谓的"信任之网"里进行合作。② 列奥纳德·里德《我，铅笔》的故事早于福山几十年，却也揭示了福山所讲的同一个道理。制造一支铅笔的简单活动让全球无数个人一起合作，"从锡兰的石墨开采工到俄勒冈州的木材采伐工"③，再到处理石墨的密西西比工厂的工人，以及给工厂提供电力的美国发电厂的工人。

在我们的市场经济中，"信任之网"被视为理所当然。的确，甚至总统本人都察觉到了。这在很多方面都是了不起的。福山指出，这在其他社会里绝非常态。像美国这样的"高度信任"的市场经济国家与"低度信任"的国家形成鲜明对比，后者只有在自己的家庭或者同种族的人群中才能形成信任关系。

---

① 巴拉克·奥巴马："2012 年联合国讲话"，美国国会山，华盛顿特区，2011 年 1 月 25 日，另见 http：//www.nytimes.com/interactive/2012/01/24/us/？politics/state–of–the–union–2012–video–transcript.html。
② 弗朗西斯·福山："社会资本与公民社会"，用于 IMF 会议上论第二代改革的讲话，1999 年 10 月 1 日，另见 http：//www.imf.org/external/pubs/ft/？seminar/1999/reforms/fukuyama.html#figI。
③ 列奥纳德·里德：《我，铅笔：告诉列奥纳德·里德我的家谱》，欧文顿，纽约州：经济教育基金会，1999 年，另见检索于 http：//www.econlib.org/library/？Essays/rd-PnclCover.html。

福山的观察被其他研究人员所认同，他们一致发现有开放型市场倾向的社会更加具有信任关系。英属哥伦比亚大学社会学家约瑟夫·亨里希（Joseph Henrich）及其同事研究了具有不同文化背景的 2 000 个人，其中有些人是猎人和猎物收集者，而另一些人则生活在市场化社会里。亨里希的研究对象被要求参与一项游戏，赢家可以获得奖励。之后他们面临一项选择：他们可以与陌生人共享奖金，也可以自己独享。

那么谁会是最慷慨和最具有合作精神的人呢？生活于市场文化下的人们。游戏中的赢家是生活在密苏里州汉密尔顿小镇的沃尔玛顾客。

亨里希回应福山说，他猜想市场经济社会的商店顾客可能更倾向于向陌生人展示公平的一面，因为他们经历过更多他们血亲圈子之外的"成功交换与互动"。换而言之，他们更具备信任的能力。①

我们可能并不会惊讶小镇来的美国人更有信任意识和能力。但康奈尔大学和日本东北大学的研究人员经过研究发现，美国人比日本人更具有信任意识和能力。虽然日本社会彬彬有礼、文化同质性很强，而美国社会具有多样性、常有不协调的情况，但研究人员发现，在开放市场里与陌生人做生意让美国人能够更好地评价他人，于是也更能够去相信他人。日本人的集体主义和遵从却相反地培育了"狭隘的保护倾向和集团内的私爱"。②他们解释道："（人们）很少遇到陌生人，因此一直非常狭隘，只相信他们的邻居，避免和外来者做公开性的市场交易。"

曾一度惧怕日本人强大竞争力的人士长期以来低估了美国人企业家文化中的信任意识和能力、道德优势。这也是为什么虽然一些人作出了前景灰暗的预期，但美国经济还是继续领先日本经济的原因。

---

① 约瑟夫·亨里希等："市场、宗教、社区规模、公平及惩罚的演化"，载《科学》，2010 年 3 月 19 日，第 1484 页。
② 迈克尔·梅西和左藤嘉伦："美国跟日本的信任、合作与市场的形成"，载《全国科学学术会议汇编》，2002 年 5 月 14 日，第 7214 页。

两位总统的故事

大政府的悲观主义假设与民主资本主义社会的道德优势之对比,可以从两位总统的故事里得到很好的体现。巴拉克·奥巴马和罗纳德·里根均在经济动荡的年代就任总统。里根1981年发表就职演说时,经济正遭受两位数的通货膨胀的侵袭,走向更深度的衰退。近三十年后,巴拉克·奥巴马执掌大权时,美国正蹒跚于历史性的金融危机之中。两位总统均发表了获广泛好评的就职演说,描述了美国人正面临的问题与挑战,但角度截然不同。

奥巴马总统展示了美国悲凉的景象,我们国家的经济"受到了严重的削弱,这既是某些人的贪婪与不负责任的后果,也是我们大家不能作出艰难抉择的集体失败……社会的医疗费用过于昂贵,学校教育让许多人失望,而且每天都会有新的证据显示我们利用能源的方式助长了我们的敌对势力,同时也威胁着我们的星球"。[1] 他还说,我们的国家正在遭受磨难,"逐渐下降的自信心正在向全国各地扩散蔓延,社会上有一种不断唠叨的担心之声不绝于耳,认为美国的衰落不可避免,而我们的下一代必须低调行事"。

虽然还没有直接宣布美国正处在实际的衰落之中,但新总统已经描绘了一幅画面,即我们的国家正在遭受各个边缘领域的"冲突与不协调"的烦扰。

> 今天,我们宣布要为无谓的不满、不实的承诺和指责画上句号,我们要打破干扰美国政治发展的若干陈旧教条。美国仍是一个年轻的国家,借用《圣经》的话说,放弃幼稚的时代已经到来了。[2]

---

[1] 巴拉克·奥巴马:"2009年就职演说,"美国国会山,华盛顿特区,2009年1月20日。http://www.nytimes.com/2009/01/20/us/?politics/20text-obama.html?pagewanted=all。

[2] 同[1]。

美国还是一个伟大的国家以及世界自由与民主的灯塔吗？奥巴马回答"是的"，但——

> 再度确认我们是一个伟大的国家的时候，我们明白，伟大绝不是理所当然的。①

罗纳德·里根也认为1980年的美国"正面对着较高程度的经济痛苦。我们正经受着我们国家历史上最长的和最糟糕的持续性通货膨胀时期"。②里根并没有小看我们面临的挑战，他认为，"我们正承受的经济顽疾加之我们已有几十年了"，并且威胁要"摧毁"我们的生活。③

但是，不像巴拉克·奥巴马，他不认为这些问题是衰落的美国或者美国公民道德弱点的反映，他相信这种情况是一场终将过去的经济风暴的效应。我们国家的问题不会在"几天、几个星期或者几个月内就消逝，但它们终会消逝"，因为美国人民具有高超的智慧与能力。

> 它们终将会消逝，因为美国人现在已经有了能力了，就像我们过去曾经拥有的能力一样，去做任何必要的事情，以保护自由的这一最后和最伟大的堡垒。④

里根不是警告美国人当前正处于滑入衰落的危险之中，而是安抚了焦虑的公民，告诉大家我们国家的伟大——我们民主与自由的经济体的最基本的优势——的确是理所当然的。这正是乌云终会消散的原因，作为美国

---

① 巴拉克·奥巴马："2009年就职演说，"美国国会山，华盛顿特区，2009年1月20日。http: //www. nytimes. com/2009/01/20/us/？politics/20text – obama. html？page-wanted = all。
② 罗纳德·里根："1981年就职演说"，美国国会山，华盛顿特区，1981年1月20日，另见http: //www. reagan. utexas. edu/archives/？speeches/1981/12081a. html。
③④ 同②。

人，我们的优势终会让我们渡过难关。

两位总统的演讲各自的言外之意不同：巴拉克·奥巴马相信政府的解决方案，因为他终究还是对美国的体系不太肯定，不太认可那些深陷"贪婪"与"冲突"的个人；而罗纳德·里根骨子里对美国人民的能力与性格抱有乐观的态度，他相信解决方案就在于个人的参与和努力，从而让美国的自由企业体制发挥其作用。奥巴马总统告诫美国公民要将"幼稚的事情"丢在一边，而里根总统则关注于美国人特质中的强项。里根说："我相信，我们当今的美国人已经准备好做对得起我们自己的事，准备好做为确保我们自己、我们的孩子以及我们孩子的孩子的幸福和自由而必须做的事。"他总结道，这就是事情会好起来的原因。

> 如果我们要回答为什么这么多年以来我们取得了如此伟大的成就，甚至繁荣程度超过了地球上的任何其他国家，这是因为，在我们国家，我们史无前例地将个人的能量和天赋释放到了更高的程度。美国人的个人自由与尊严比地球上的任何其他地方都更加容易得到和更加能够保证。①

两个鲜明对照的观念，其一的基础是自由的人民有能力做伟大事业的信念，另一个则相信需要大政府来指导我们，因为我们不能引导我们自己。乐观还是悲观？选择还是胁迫？财富再分配还是财富创造？社会流动还是停滞僵化？我们必须选择一个观念来引导美国和这个世界。

---

① 罗纳德·里根："1981 年就职演说"，美国国会山，华盛顿特区，1981 年 1 月 20 日，另见 http://www.reagan.utexas.edu/archives/?speeches/1981/12081a.html。

致　谢

本书作者一并感谢如下人员对本书写作的支持与鼓励。

拉里·克什鲍姆的高超演讲技能与洞见让本书得以诞生。皇冠出版社的编辑约翰·马哈尼的眼光以及在我们第二次合作中的指导意见具有很高价值。我们也要向辛·戴斯蒙德表示感谢，他把握着全书的进展状况；以及莫罗·迪普雷塔，他给予了我们很多的耐心与理解。也要感谢洛根·巴勒斯崔诺和斯特芬尼·耐普为我们所做的努力。我们最深切的感激要送给我们优秀的研究人员：尼克尔·汉格福德，为她的热情与勤勉；以及拉蒙特·伍德和莱恩·莫罗。苏珊·雷德劳尔、伊丽莎白·格拉维特和斯哥特·毕斯台曾许多次为本书查找资料。杰可布·拉克辛、艾瑞克·奥德姆、马克·查普曼和马乔丽·舒尔曼额外地提供了有帮助的信息、推荐和建议。我们还要感谢奥德丽·威瑟拉，为她在本书的各个阶段不厌其烦地帮助准备这份手稿的努力。

我们对许多个人和机构心怀感激之情，他们的观念与研究促使本书得以诞生。乔治·吉尔德、迈克尔·诺瓦克和里奇·卡尔加德都曾深度论述过资本主义的道德基础。约翰·塔姆尼和阿米提·什莱斯也曾做了许多工作，对当前自由经济的重要性给予正面的评价。由约翰担当编辑的Forbes.com的专栏版，已经成为无数自由撰稿人的关键阵地，其中的不少文章也出现在本书里。我们也非常感谢《华尔街日报》社论版，其有力的声音在支持自由市场的论战中发挥了非常重要的作用。《投资者财经日报》也给予了我们许多支持。我们要将特别的感谢送给马克·斯库森，以及马洛里·法克特，他们为本书中许多观点的产生提供了重要的平台。我们也感谢美国商会的汤姆·唐诺休和马格丽特·斯派林，感谢他们作为企业佼佼者的热情支持与努力。

如果没有如下机构的重要分析，本书不可能得以面世。它们有传统基金会、卡图研究所、美国企业研究所、曼哈顿研究所、经济教育基金会、国家政策分析中心、太平洋研究所、竞争企业研究所、理智基金会和路德维希·冯·米塞斯研究所。

我们非常感谢杰基·德马里亚和毛林·莫瑞，他们在诸事缠身的情况下还为本书提供了诸多帮助。我们也非常感谢美里尔·维甘对《福布斯》杂志给予的必要帮助，他也让本书中的许多观点得以产生。还有刘易斯·德沃金——《福布斯》媒体的首席产品官，他每天都在用他的创造力和企业家精神激发周围的人。我们还深深感谢比尔·达尔·柯，他提出了非常有价值的建议。同时，我们也感谢我们的家庭的耐心与理解，没有他们，一切皆无可能。

西方经济·金融前沿译丛书目

《欧元的终结？！——欧盟不确定的未来》
（美）约翰·冯·奥弗特韦尔德 著　贾拥民 译

《重铸美国自由市场的灵魂——道德的自由市场与不道德的大政府》
（美）史蒂夫·福布斯　伊丽莎白·艾姆斯 著　段国圣 译

《宇宙的主宰——哈耶克、弗里德曼与新自由主义的诞生》
（美）丹尼尔·斯特德曼·琼斯 著　贾拥民 译

《伟大的说服——哈耶克、弗里德曼与重塑大萧条之后的自由市场》
（美）安格斯·伯金 著　傅瑞蓉 译

《政治泡沫——金融危机与美国民主的挫折》
（美）诺兰·麦卡蒂　基恩·普尔　霍华德·罗森塔尔 著　贾拥民 译

《从战场前线到市场前线——中东战争浴火之下信任和希望的重生》
（美）保罗·布林克利 著　于海生 译

《华尔街与华盛顿之战——美国现代金融体系的诞生》
（美）理查德·E.法利 著　贾拥民 译

《金钱长城——中国国际货币关系中的权力与政治》（即将出版）
（美）埃里克·赫莱纳　乔纳森·柯什纳 编著　于海生 译

《如何反击网络金融恐怖主义》（待出版）
（美）凯文·弗里曼 著　傅瑞蓉 译

《全球经济的系统脆弱性》（待出版）
（美）杰克·拉斯马斯 著　贾拥民 译

《产业政策的选择及其经济后果》（待出版）
（美）约瑟夫·斯蒂格利茨　阿克巴·诺曼 编著　孔令强 译

《产业组织形式的颠覆与创新——即将消失的美国公司》（待出版）
（美）杰拉尔德·戴维斯 著　孔令强 译